JN226275

Algorithmic Trading

アルゴリズム取引

足立高徳 [著]

津田博史 [監修]

朝倉書店

まえがき

HFT という言葉はご存知でしょうか？ ここ 4, 5 年で急速に新聞などに出てくるようになった言葉です．"High Frequency Trading" の頭文字をとったもので，日本語に直せば高頻度取引，となるでしょう．メディアによっては超高速取引，と書いてある場合もありますが，「超」という言葉は原文にはありませんし，なんだかことさらに「速い」ということを強調したい思惑が透けて見える気がするので，この本では高頻度取引，あるいは単に HFT と呼ぶことにします．

1 秒間に何百回も取引を行う HFT は，当然人の手では行えず，コンピュータを使うことになります．このようなコンピュータを使った金融取引はアルゴリズム取引と呼ばれ，これがこの本の題材です．

さて，筆者は米国系の投資銀行で 10 年ちょっと，ニューヨークと東京でこの高頻度取引に関わり，その後日本の大学で数理ファイナンスを研究しています．この本では，筆者のその経験を踏まえ，HFT を中心にアルゴリズム・ビジネスの作法とその数学的背景について解説します．

本文でも述べますが，アルゴリズム取引は，人間の勘を排除して，どこまでも科学的に考えて戦略を練り実行することが極めて大事です．そういう意味でこの本では，章によっては数式を使った記述が増えています．一読目は，そういう数学的に多少難しい箇所は読み飛ばして先に進んでもらっても構いませんが，実際にアルゴリズム取引に関わろうと考えている読者のみなさんにとっては，これらは基本的な技術になると思いますので，いずれじっくりとノートと鉛筆を使って計算しながら理解するよう努めることをお薦めします．

この本ではこのように数学を多用しますが，お伝えしたいことは，アルゴリズム取引の現場でどのようにして問題を数学的に捉え，その上で科学的に戦略に落とし込んでいくか，という作法です．往々にして現実の問題は大変複雑で，そのままでは解析可能なモデルで表現するのは難しいことがあります．そんなときには，それほど非現実的ではない仮定をおくことによってモデルを単純化し，現実の取引に利用できる道具に仕立てることを目指します．

　読者の便宜を図るために，本文で使う数学の基本的な道具は，巻末の付録でまとめて解説しました．ですがそれを含めても，上で述べた一連の技術の雰囲気をより直観的にお伝えするために，数学的な厳密さを犠牲にしている部分が多々あります．これを補ってよりきっちりとした数学的背景を勉強したいときは，適宜引用している参考文献を参照してください．

　一方，FinTech のひとつとして，近年脚光を浴びることが多くなってきたアルゴリズム取引は，ご多分に漏れず，人工知能を使った取引へと進化を続けています．このためこの本でも，人工知能，特に機械学習を使う可能性について，具体的に例示するように努めました．

　この本では，紙面の都合上，アルゴリズム取引におけるいくつかの重要な技術について触れることができませんでした．特に，ポートフォリオ管理についての記述を含めることができなかったのは残念です．

　このように，多少中途半端な体裁となってしまいましたが，この本の完成に至るまで，お力添えをいただいたみなさんに感謝したいと思います．筆者の授業を受講してくれた一橋大学大学院国際企業戦略研究科 金融戦略・経営財務コース [*1) のみなさん，および立命館大学理工学部数理科学科のみなさんからはいくつかの的確なコメントをいただきました．また，原稿の数学部分を含む全体を細心の注意を払って読んでくださった上，多くの貴重なご指摘をくださった原啓介先生 (Mynd)，大本隆先生 (野村アセットマネジメント)，それに加藤恭先生 (AMFiL) には特に感謝いたします．もちろんまだ残っているかもしれな

---

*1)　2018 年 4 月より組織変更に伴い「一橋大学大学院経営管理研究科 金融戦略・経営財務プログラム」に改名されました．

い間違いはすべて筆者の責任です.

　また，この本の執筆を勧めてくださった津田博史先生 (同志社大学) と，津田先生とともに忍耐強く原稿を催促し続けてくださった朝倉書店編集部の担当者氏には一方ならぬお世話になりました. この場を借りて感謝します.

　この本が，この分野で活躍しようと考える社会人のみなさんや，勉強して将来に備えようと思われる学生のみなさんが，金融技術の現状を正しく理解し将来を見通すための数学的道具を提供することに役立つならば，大変嬉しく思います.

　2018 年 5 月

足 立 高 徳

本書で使う記号

記号	意　味
$A := B$	A を B で定義する，あるいは，A に B を代入する
$\mathbb{N}$	すべての自然数からなる集合 $\{0, 1, 2, 3, \dots\}$
$\mathbb{Z}$	すべての整数からなる集合
$\mathbb{R}$	すべての実数からなる集合
$\mathbb{R}_+$	すべての非負の実数からなる集合
$\mathbb{C}$	すべての複素数からなる集合
$\mathbb{1}_A$	(集合 A に対して) A の特徴関数，つまり，$\mathbb{1}_A(x)$ は $x \in A$ ならば 1，そうでなければ 0
$A - B$	(A と B が集合のとき) 集合差，つまり $\{x \in A \mid x \notin B\}$
$a \vee b$	a と b のより大きい方の値，$\max(a, b)$
$a \wedge b$	a と b のより小さい方の値，$\min(a, b)$
$\mathbf{A}^T$	$\mathbf{A}$ の転置行列
$\underset{(m \times n)}{\mathbf{A}}$	$m \times n$ 行列 $\mathbf{A}$

目　　次

1. はじめに ……………………………………………… 1
  1.1　アルゴリズム取引とは何か？ ………………………… 1
  1.2　どのくらい流行っているか？ ………………………… 2
  1.3　今までの取引とどこが違うのか？ …………………… 3
  1.4　アルゴリズム取引の歴史 ……………………………… 5
  1.5　本書の構成 ……………………………………………… 7

2. 不確実性と投資 ……………………………………… 10
  2.1　投 資 の 肝 ……………………………………………… 10
  2.2　確率微分方程式 ………………………………………… 13
  2.3　HJB 方程式 …………………………………………… 14
  2.4　利益の源泉 ……………………………………………… 15
  2.5　説明変数と被説明変数 ………………………………… 16
  2.6　アルファとは何ものか？ ……………………………… 17
  2.7　時 間 地 平 ……………………………………………… 18

3. アルゴ・ビジネスの階層 …………………………… 20
  3.1　アルファの特定 ………………………………………… 21
  3.2　戦略の策定 ……………………………………………… 22
  3.3　アルゴリズムの実装 …………………………………… 23
  3.4　オペレーション ………………………………………… 24
  3.5　リスク管理 ……………………………………………… 25

vi　　　　　　　　　　目　　次

4. 電子市場と板情報 ·· 26

4.1 市場参加者と証券取引所 ·· 26

4.2 板情報と約定方式 ··· 27

4.3 電 子 市 場 ·· 33

5. 市場参加者モデル ·· 35

5.1 離散時間市場モデル ··· 35

5.2 Grossman-Miller モデル ·· 40

5.3 取引コストに関する考察 ·· 43

5.4 指値注文を使ったマーケット・メイク ·························· 45

5.5 インサイダー情報を持ったトレーダーがいる市場 ·············· 46

6. 超短期アルファと板情報力学 ······································ 50

6.1 板情報を利用した説明変数 ······································ 50

6.2 モーメンタムを考慮した説明変数 ······························ 52

6.3 板情報理論モデル ··· 53

6.4 ラプラス変換 ·· 54

6.5 出生死滅過程 ·· 58

6.6 板情報過程 ·· 61

6.7 つぎの価格変化が上昇である確率 ······························ 67

6.8 Hawkes 過程を用いた改善 ······································ 69

6.9 バック・テストの問題 ·· 70

7. 教師あり学習を使ったアルファ探索 ································ 71

7.1 板情報から教師データを作成する方法 ·························· 73

7.1.1 方　法　1 ··· 73

7.1.2 方　法　2 ··· 74

7.1.3 方　法　3 ··· 74

7.1.4 損失関数に関する考察 ································· 74

目　　　次　　　　　　　　　vii

7.2　機械学習を使ったアルゴリズム取引の怖さ ･･････････････ 75
　　7.2.1　アルファとリスク管理 ･･････････････････････････ 77

8.　戦　　　略 ･･･ 78
8.1　最適流動化問題の定式化 ･･････････････････････････････ 79
8.2　拡散過程の制御問題 ･･･････････････････････････････････ 81
8.3　最適流動化問題 ･･･････････････････････････････････････ 85
8.4　計数過程を含む制御問題 ･･････････････････････････････ 89
8.5　ダーク・プールを用いた最適流動化問題 ･･･････････････ 91

9.　取引ロボット ･･･ 98
9.1　取引ロボットが留意すべき点 ･･････････････････････････ 98
　　9.1.1　スピード ･･･････････････････････････････････････ 98
　　9.1.2　堅　牢　性 ･････････････････････････････････････ 99
9.2　使用する言語と実装方法 ･････････････････････････････ 100
　　9.2.1　言　　　語 ･･･････････････････････････････････ 100
　　9.2.2　ライブラリ ･･･････････････････････････････････ 101
　　9.2.3　クラス階層など ･･･････････････････････････････ 102
9.3　戦略記述言語の設計 ･････････････････････････････････ 103
　　9.3.1　トレーダーとの相性 ･･･････････････････････････ 103
　　9.3.2　オブジェクト指向 ･････････････････････････････ 104
9.4　インフラストラクチャとデータベース ･･･････････････ 107
　　9.4.1　市場データ ･････････････････････････････････ 107
　　9.4.2　取引所との通信 ･･･････････････････････････････ 108
　　9.4.3　データベース ･･･････････････････････････････ 108
9.5　アルファ生成器 ･････････････････････････････････････ 109
9.6　リサーチ ･･･ 110
　　9.6.1　シミュレーション ･････････････････････････････ 110
　　9.6.2　家事的お仕事 ･････････････････････････････････ 111

viii 目　　次

10. HFT の現状と未来 ··· 113
10.1 ミリ秒の世界 ·· 113
10.2 HFT は悪者か？ ·· 116
10.3 極限の HFT ·· 118

11. アルゴリズム取引の現状と未来 ····························· 122
11.1 公正な市場 ··· 122
11.2 機械学習の利用と問題点 ································ 124
11.3 アルゴリズム取引に続く未来 ··························· 126

A. 確率論入門 ··· 129

B. ブラウン運動 ··· 141

C. ポアソン過程 ··· 145

D. リッカチ型微分方程式の解法例 ······························· 148

E. 機械学習入門 ··· 150
E.1 ニューロン ·· 151
E.2 OLS ··· 153
E.3 ロジスティック回帰 ····································· 155
E.4 ニューラル・ネットワークの基本構造 ··················· 156
E.5 訓　　練 ··· 158
E.5.1 最終段層での評価 ··································· 158
E.5.2 中間層: 評価の伝搬 ································· 160

文　　献 ··· 163

索　　引 ··· 165

1

は　じ　め　に

1.1　アルゴリズム取引とは何か？

　証券取引業務は，長らく人の手だけで行われてきました．しかし前世紀後半
に計算機が徐々にポピュラーになってくると，その業務の一部を機械によって
補助するようになりました．こうした機械化は，計算機技術の発達とともに進
み，今では人手をほとんど介さずに自動的にコンピュータが行う取引形態が広
がってきています．

　この本で取り上げるアルゴリズム取引 (algorithmic trading) は，このよう
にコンピュータ・プログラムによって証券の自動取引を行う手法を指していま
す．ここでアルゴリズム (algorithm) とは，計算手順を表していて，個々のコン
ピュータ・プログラム (computer program) は，このアルゴリズムをコンピュー
タが理解できる形で書き下した指示書です．

　一方，資金調達と資金運用を効率的に行うために用意された施設が証券取引
所 (stock exchange) ですが，アルゴリズム取引が行われるためには，こうした
証券取引所への発注や約定 (取引が成立したことを知らせる情報) が電子的にや
りとりされることが前提となります．電子化された取引所は，ユーザであるト
レーダーから見ると，必ずしもそうした建物が物理的に存在する必要はなく，
単にサイバー空間に存在し，取引プログラムとのインターフェイスが決まって
いるだけでもよくなります．

　アルゴリズム取引のなかで特に発注頻度が高い取引形態は，高頻度取引 (high
frequency trading; HFT) と呼ばれます．計算機技術と通信技術の高度化に伴

い，HFT は取引頻度を 1 ミリ秒 (1000 分の 1 秒) 以下の間隔で行えるほどになってきています．実際，ニューヨークやロンドン，シンガポールでは公表されている高頻度データの段階ですらすでにマイクロ秒 (100 万分の 1 秒) の世界に突入していますし，東京証券取引所 [*1)] でもコロケーション内部接続は 5 マイクロ秒という驚異的なスピードに達しています．このペースで行けば，近い将来ナノ秒 (10 億分の 1 秒) の単位へと通信速度が向上していくこともほぼ確実なようにみえます [*2)]．

1.2 どのくらい流行っているか？

さて，そうした HFT はいったいどのくらい普及しているのでしょうか？

全株取引のなかで HFT が占める比率については，2012 年には，米国では取引数全体の 51%，また欧州では取引高全体の 39% を占めていたという報告があり，東京証券取引所でも，2013 年に取引高全体の 26% を占めたという研究があります[33)]．

ただし，現状では注文がアルゴリズムによるものか，人によるものかの区別は確実には判定できません．たとえば保坂[33)] のなかで用いられている HFT かどうかの判定手法は，売買参加者別に割り当てられた仮想サーバのデータに着目して分類し，これらの性質を縦軸と横軸にして平面上にプロットしたときの位置によって決めるというものなのです．これはたしかにひとつの見識ではありますが，他にも分類法はあるでしょうし，そうした異なる分類法を採用すれば，上記の取引比率も変化することも容易に想像できます．また，HFT だけでなく，HFT を含むすべてのアルゴリズム取引が占める比率の正確な判定方法も現状では知られていません．一方，多くの実務家の最近の皮膚感覚では，東証での株取引の少なくとも 6，7 割の注文はアルゴによるものと考えられています．

[*1)] 略称は東証で，英語名の Tokyo Stock Exchange の頭文字をとって TSE とも呼ばれます．

[*2)] 2017 年現在，JPX から入手できる取引データには小数点以下 6 桁，つまり 100 万分の 1 秒まで表現可能なタイムスタンプがついています．しかし最後の二桁は常に 0 なので，実際には 1 万分の 1 秒の解像度です．

1.3 今までの取引とどこが違うのか？ 3

このように HFT, ひいてはアルゴリズム取引の市場におけるプレゼンスはすでに相当大きくなっています.

1.3　今までの取引とどこが違うのか？

アルゴリズム取引は, 従来人が行ってきた取引を機械に代わってやらせるのですから, 取引のアイデアそのものはそれほど変わらないはずです. ですが, 人間のトレーダーがしばしば (あるいは頻繁に？) 使ういわゆる直観というものがコンピュータ・プログラムに駆動されるアルゴリズム取引では利用できません. そのため, あらかじめ決めておいた取引戦略 (取引規則) に曖昧な箇所があった場合, 人間のトレーダーであれば臨機応変に対応できるかもしれませんが, 機械の場合には曖昧な規則では想定外の状況に対してどんな振る舞いをするかがまったくわからなくなります. つまり, アルゴリズム取引では曖昧性がまったく許されないという点が大きく違うわけです.

もう少し, この状況を噛み砕いて説明してみましょう.

言うまでもなく, コンピュータ＝電子計算機は, 計算によってつぎの一手の決断を行います. その計算に使われる情報はあらかじめ決められた領域のなかにあることが前提となります. たとえば, 天気を表す情報は, 晴れと雨というふたつの要素を持つ領域のなかにあるとしましょう. つまり天気は, 晴れか雨のどちらかしかない, という想定のもとで戦略を立てていくわけです. しかしそのような戦略はあらかじめ想定した領域にはない曇りや雪という状況になったときにどのような取引を行えばよいかがわからなくなります. もちろん人間のトレーダーが曇りの状況で取引を続行しなくてはならないならば, 日照の強さにあまり関係がない取引だと考えれば晴れのときの規則に従い, そうでなければ雨のときの規則に従う, また雪の場合であれば取引そのものを停止する, というような臨機応変の対応ができるでしょう. しかし計算機の場合は, 想定しない入力情報に対しては, どんな振る舞いをするかわかりません.

往々にしてこのような想定外の状況下での取引システムの振る舞いの結果は悪い, つまり損失を出すことが多いのです. なぜなら, いろいろなとり得る手のなかで, 儲かる手というのはそうでない手に比べてわずかしかないのが普通

だからです．つまり想定外の状況下では損失を被る可能性が高くなります．こ
こでひとつ例え話をしましょう．リスクを取って取引を行うというのは，海に
浮かぶ氷山の内部のどこかに陣取って水面よりも上の部分に陣地を張ろうとい
うようなものです．この場合水面からの距離を利益または損失量と考えること
ができます．刻一刻とこの陣地は氷山の内部で移動するのですが，取引はその
陣地が常に水面の上にあるようにコントロールしようという試みです．ご存知
のとおり水上に出ている氷山の体積は全体に比べるとごくわずかです．ですか
らこのコントロールは相当精妙でないといけません．もし失敗すると，水面下
に大きく沈んだ位置にいってしまう可能性が高いでしょう．

　想定外の状況を前にしたアルゴリズム取引は，一気に水面下の下の方に，つ
まり (それまでの儲けに比べて) 大きな損失を被る可能性が高いのです．しか
も，これが HFT の場合には，大変高速につぎつぎと注文が繰り出され，傷口
をあっという間に大きく広げていくことになるのです．

　こうした失敗を避けるために，アルゴリズム取引は，どこまでも科学的に行
うことが要求されます．

　では科学的に取引を行うとは，どういうことでしょう？　HFT を含むこうし
た自動取引を行うには，電子取引所の数学モデルと，その時間変化を統計的に
記述することが重要です．近年，開発される数学モデルはどんどん複雑になっ
てきていますが，一旦モデルを組み上げた後は，そのモデルに則って継続して
取引し続けるという意味で，静的システム (static system) と言えます．いわゆ
るクオンツたちが注力して作る戦略も，こうした静的システムです．しかし，
一般的に静的なシステムは状況の変化に対して脆弱です．つまり過去のデータ
にキャリブレートさせた (調整した) 戦略は，当初は有効に収益を上げることが
できたとしても，突然の経済環境の変化の前ではパフォーマンスの大きな低下
も起こり得るのです．そうしたことも理由で，アルゴリズム取引の収益が常に
人間のトレーダーによる取引の収益よりも高いとは言えなくなっているのが現
状です．

1.4 アルゴリズム取引の歴史 5

　最近，こうした問題を打開するために注目されているのが機械学習 *3) と呼ばれる技術です．この技術では，取引システムに人工知能 (artificial intelligence; AI) を搭載させ，高速に大量のデータを扱うだけでなく，システム自身をそうした解析を通じて改善していきます．つまり，戦略にあらかじめ組み込まれた設定を自ら変化させたり，あるいはまったく新しい戦略を自ら創造するということまで行わせるのです．このような人工知能を使ったアルゴリズム取引は，将来の発展の伸びしろを考えるとまだ始まったばかりで，これからこれがどのように進化して金融市場，ひいては我々の社会に影響を与えていくかは今後注意深く見守っていく必要があります．

1.4 アルゴリズム取引の歴史

　証券取引手法と技術の歴史は，16 世紀半ばにベルギーのアントワープで商品取引所が開設されてから始まったと言われています．続いて 1730 年 (享保 15 年) に大阪で米の先物取引が始まり *4)，1792 年にはニューヨーク証券取引所 (NYSE) が開設されました．さらに 1878 年 (明治 11 年) には現在の東京証券取引所の前身である東京株式取引所が売買立会 *5) を始めました．いくつかの技術革新にも関わらず，1960 年頃までの取引はすべて手で行われ，取引情報の伝達は遅かったのです．

　そうこうしているうちに，1971 年に米国で NASDAQ*6) が開設されました．これは証券取引をマーケット・メーカー *7) が行うための電子気配システムを導入した世界初の電子証券市場でした．さらに 1976 年にはニューヨーク証券取引所でも同様な電子システムである DOT*8) が導入され，1990 年に東京証券取引所でもコンピュータによるオンライン発注が可能になりました．こうして

---

*3)　付録 E を参照して下さい．
*4)　現在の大阪府大阪市北区堂島浜 1 丁目にあった堂島米会所 (どうじまこめかいしょ) にて帳合米取引という名前で行われていました．
*5)　立会 (たちあい) とは，トレーダーたちが買い手と売り手として取引フロアに立ち，発注や付け合せを通じて互いに適当な相手を探す売買手法です．
*6)　National Association of Securities Dealers Automated Quotations
*7)　5.1 節を参照してください．
*8)　Designated Order Turnaround

アルゴリズム取引の土台になる電子取引のインフラが整備されていったのです.

1980年台に入り，コンピュータを使った証券取引が出現しました．これは当時プログラム取引 (program trading) と呼ばれ，主に複数の証券からなる資産 (ポートフォリオと呼ぶ) を計算機の助けを借りて一気に注文するような取引形態でした．この時点ではしかし，ボタンを押して命令を下すのはまだ人間のトレーダーで，機械はアシスタントの域を出ませんでした.

1990年台になると，米国で取引所外取引を電子的に行える ECN (Electronic Communications Network) と呼ばれるシステムがポピュラーになり [*9]，これが電子取引を一躍拡大させることになったのです．というのも，ECN は従来の取引所に比べて格段に速く効率的で低コスト，その上，手動取引のようなエラーとは無縁だったからです．そしてこうした ECN の特徴はアルゴリズム取引に好んで使われるようになりました.

一方，日本では市場の電子化は，たとえば大阪証券取引所が扱っていた日経225先物などは，90年台も押し迫ってからようやく電子的に約定が返ってくるようになるなど，米国に比べて遅れていました．2006年以降，日本でも私設取引市場という名の取引所外取引電子システムが順次導入されるようになりました．しかし金商法による規制などによって既存の証券取引所との差別化が難しくなり，2017年1月現在は SBI ジャパンネクスト証券とチャイエックス・ジャパンのみが運用しています.

ところで，20世紀のプログラム取引で使われていたコンピュータ・ハードウェアはサン・マイクロシステムズのワークステーションが一般的でした．高価なこのマシンを使って行ったのは，先にも述べたように完全自動取引ではなく，あくまで人間のトレーダーの補助的役割でした．市場の電子化が進むとともに，取引の自動化は進み，取引頻度もより短い時間で行われるようになりました．そうして注目を集めるようになったのが高頻度取引です.

アルゴリズム取引，特に HFT が急速にシェアを伸ばしたのは，21世紀に入ってからです．特に IBM PC の互換機が市場に出回り，ワークステーションに

[*9] 初の ECN である Instinet は1969年に運用を開始しました.

取って代わるようになったのが大きな推進力になりました．IBM PC 互換機は，Linux という無料のオペレーティング・システムを搭載することで，10 倍以上高価なワークステーションと同様な仕事をこなせるようになったのです．

(NYSE の資料によれば) この頃の HFT のシェア (取引額) は 1 割程度であったのが，2005 年から 2009 年にかけては 164 ％も増えました．東京でも同様で，たとえば 2012 年 9 月には 17% であったものが，4 ヶ月後の 2013 年 1 月には 25% と急激にシェアを伸ばしました．しかしこれほどのシェアにも関わらず，HFT を操る証券取引会社はそれほど多くなかったのです．たとえば NYSE に登録されていた証券取引会社数は 2009 年でほぼ 2 万社ありましたが，そのうち HFT を行っていたのは 400 社程度でした．一方この 400 社の取引数は，全株式取引数の 73% もありました．

2008 年のリーマン・ショック後はさらにこの取引数の寡占化とも呼ぶべき状況は強まり，中小の証券取引会社の活動を阻害するのではないかと危惧されるようになりました．

この頃までは，東京証券取引所は他国のライバルに比べて注文への応答時間が遅く数秒程度かかっていました．しかし，2010 年に新システムアロー・ヘッド (Arrow Head) を稼働させ，応答時間は平均 5 ミリ秒になり，ようやく世界標準に追いつきました．このような取引システムの高速化を追求する背景には，高速化を望む多くの投資家の存在があります．というのも，もし取引所がシステムのアップグレードを怠れば，こうした投資家はもっとスピードの速い別の取引所に流れ，手数料を失ってしまうからです．なお 2012 年 7 月には，アロー・ヘッドの注文処理速度は 1 ミリ秒以下に改善されています．

1.5 本 書 の 構 成

金融業界でアルゴリズム取引に関わるビジネスは，アルゴリズム・ビジネス (algorithmic business)，あるいは短くアルゴ・ビジネスと呼ばれます．現代のアルゴ・ビジネスは，おおむね以下の 4 つの階層からなっています．

1) アルファの特定
2) 戦略の策定

8   1.　は　じ　め　に

3）アルゴリズムの実装

4）オペレーション

この本では，これら4つの階層で使われる数学的道具のなかから汎用性が高いと思われるものをいくつか選んで解説していきます．目標とするのは，アルゴ・ビジネスに計量的に関わるビジネス・パーソンたちが，彼らの道具箱のなかに持っているべきツール集です．

この本の構成は以下のとおりです．

最初に，第2章で投資を数学的に捉える際の一般的な見方を解説した後，第3章でアルゴ・ビジネスの概観を述べます．

第4章から詳細に移ります．この章では，電子市場とそこでの取引の仕組みの基本となっている板情報とその動きについて解説し，続く第5章で単純化した市場参加者モデルを使って，各タイプの市場参加者がどのように振る舞い，証券価格がどのように形成されるかを詳細に見ます．

続くふたつの章ではアルファ探索について解説します．最初の第6章では高頻度取引で使われるアルファはどういうものであるかを一般的に解説した後，具体例として Rama Cont らが編み出した板情報を用いたアルファの探索方法について，その基本的なアイデアを提示します．この探索方法は，閉形式として確率を計算することができる強力なものですが，いくつかの実際の状況では満たされていない仮定を利用しています．そこで，第7章でこのような仮定を前提としない探索方法を，機械学習の技術を使って実現できるかを考えます．

第8章では連続時間のもとでの取引戦略の立て方について議論します．最初に章を通じて扱う流動化問題を最適化問題として定式化します．ここで戦略を立てる際のピースとなる種々の資産価値の変動は，ある種の確率微分方程式の解として表現できます．そうしたピースを変数として持つ最適化問題の一般的な解決法としての HJB 方程式を解説し，これを利用して先に定式化した流動化問題を解きます．つぎに資産価格の変動がジャンプを含む場合の一般解を示した後，その応用としてダーク・プールを使った最適流動化問題を考察します．

第9章では戦略の実装方法について，その勘所が何であるかを議論します．ここでは特に戦略記述言語を中心に据えたシステムの構築方法について解説し

1.5 本書の構成

ます.

　市場でのシェアが増大するにつれ，高頻度取引に対する批判的な声も増えてきています．第10章ではそうした批判を前に，HFT は本当に悪者なのかということを含む議論を通して，高頻度取引の将来について考えてみます.

　最終章の第11章では，21世紀のアルゴリズム取引がどのような方向に進むのか，そのなかで避けて通れない人工知能との関わりにも触れながら，将来を概観します.

　なお，まえがきでも述べたように，読者ができるだけ他の書籍等に依存せずに済むように，本文で使う数学の基本的な道具についての解説を，巻末に付録としてまとめておきました．適宜，参照してください.

2

不確実性と投資

アルゴリズム取引は，市場，特に電子市場を相手に行う投資行動です．電子市場については第4章で見ることにして，本章では，一般的に投資行動というものを数学的に考える上での基礎を述べます．

2.1 投 資 の 肝

資産価格にとどまらず，自分を含む世界の明日の状況は，誰にも正確にはわかりません．まして1週間後，1年後に，日経平均やドル円為替がどのようになっているかなどを予想するのは極めて困難です．

このような将来の不確実性を前に，どうやって身を処するか，というのが投資の肝です．

ここで重要なのは，明日よりも明後日，さらにそれよりも1週間後という風に不確実性がどんどん増していくのが，我々が投資をする土俵となる金融市場の特性だということです．

たとえば自分の寿命を考えてみると，明日いっぱい自分が生きている可能性は極めて高いと考えるでしょうが，1年後は死んでいる可能性もそれなりに出てきますから，不確実性が増します．ところが100年後に生きているかというと，これは多分ほぼ100％死んでしまっているということで不確実性がほとんどありません．このように扱っている事象によっては必ずしも時間とともに不確実性が増加するとは限らないので，上に述べたような金融市場や金融資産の不確実性の増加傾向は重要な特徴なのです．

こうした時間とともに増加する不確実性というのを数学的に定量化する方法

のひとつに，ブラウン運動という道具があります．以下の図は，標準ブラウン運動による不確実性の拡がりを表しています．

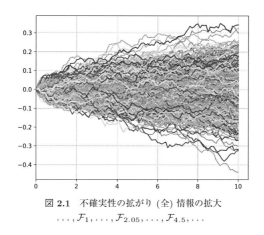

図 2.1 不確実性の拡がり (全) 情報の拡大
$\ldots, \mathcal{F}_1, \ldots, \mathcal{F}_{2.05}, \ldots, \mathcal{F}_{4.5}, \ldots$

さて，将来の不確実性というのは，レンズを通して未来という映像を眺めることに似ています．未来が混沌として見えるとき，それはレンズの解像度が悪いと考えます．一方細かく将来起こり得る事象を分別して見ることができたとしたら，それは使っているレンズの解像度が高いのです．このとき後者は前者よりも情報が多いと考えられるでしょう．つまり情報とは，このレンズの解像度を指していると捉えることができます．

さらに未来を眺めるということを考慮すると，より (特定の) 未来に近づけば近づくほど，つまり時間が経過するほど，同じレンズを通して見える映像もより鮮明になっていくでしょう．これは見かけ上レンズの解像度が上がったことを示しますから，それに対応する情報が増加したと考えられます．

このように時間とともに増加する情報の列を，確率論ではフィルトレーション [*1] と呼び，正式には事象 (これ自身が根本事象と呼ばれるものの集合です) の集合として表現されます (図 2.1 の下にある $\mathcal{F}_{2.05}$ などがその集合です)．また時間とともに確率的に変動するこのようなモデルを，確率過程と呼びます．

[*1] 付録 A を参照して下さい．

さて，図 2.1 はブラウン運動の時間変化を表していました．この図はパスと呼ばれる，可能な世界線の集まりで，数学的には微小時間で確率的に分岐する分布の極限と考えられます．ここで一本一本のパスは連続，つまりどれほどくねくねしていても繋がっているのが特徴です．

しかし，世の中の変化，特に金融商品の価格などは，あるとき急激に変動することがあります．このとき，この連続性が保たれず，いわゆるジャンプが起こります．ジャンプは金融危機のときにだけ起きるわけではありません，取引間隔をどんどん小さくしてくと，証券価格は刻み幅と呼ばれる 0 でない有限の金額幅 (たとえば 1 円とか 10 銭とか) で変動しているのが明確に見えるようになります．そういう視点で見ると，価格変動は常にジャンプになってしまいます．

図 2.2 はこうしたジャンプを含む確率過程を表しています．

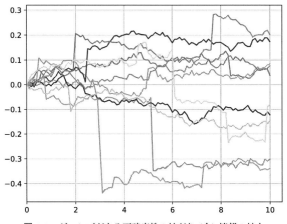

図 2.2　ジャンプがある不確実性の拡がり (全) 情報の拡大

ジャンプを表現する代表的な確率過程として，ポアソン過程があります．またブラウン運動とポアソン過程を組み合わせた確率過程はレヴィ過程と呼ばれ，図 2.2 はレヴィ過程のパスを示しています．

情報増加列＝フィルトレーションと確率過程の関係を考えてみましょう．図 2.1 や図 2.2 のフィルトレーションは資産価格などの状況を表す確率過程から生成されていると考えられます．ですから，逆に考えると，この確率過程の時

刻 t における挙動は，現時点 t までに得られたすべての情報 $\mathcal{F}_s (s \leq t)$ によって決まります．このことを，確率過程は $\mathcal{F}_t$-適合過程 ($\mathcal{F}_t$-adapted process) である，といいます．

ところで，この適合過程によって決まる状況を前に我々がとる戦略，あるいはもっと具体的には時刻ごとの取引量は，状況に応じて対応を変化させる可能性がありますから，これもまた確率過程と考えることができます．このように時々刻々と変化させる取引量は，在庫や利益などに影響を与えるので，制御[*2]と呼ぶこともあります．では，この制御も $\mathcal{F}_t$-適合過程になるでしょうか？

実は，時刻 t にとるべき手を決定するときにちょうどその時刻 t の情報である $\mathcal{F}_t$ を使うことはできません．一般に，時刻 t でとる手は，t より前の情報 $\mathcal{F}_s (s{<}t)$ によって決めることになります．不等号に = が含まれていないことに注意してください．これはたとえば，今朝のオープン時 (t) にある株の注文を出すときに，オープン時の価格 (時刻 t の情報) は知ることができない，ということを考えてみればわかるでしょう．言い換えれば，制御を表す確率過程は $\mathcal{F}_t$-適合過程ではありません．このように時刻 t の情報は使えないけれど，t 以前の任意の時刻の情報は使えるような確率過程は，$\mathcal{F}_t$-可予測過程 ($\mathcal{F}_t$-predictable process) と呼ばれます．

2.2 確率微分方程式

では，状況，すなわち $\mathcal{F}_t$-適合過程の変動を表現するのには，どんな方法があるでしょうか？ 詳しくは第 8 章で解説しますので，ここではそういうものだとだけ思っていただければよいのですが，以下のような確率微分方程式で記述されます．

$$\underset{(m\times1)}{d\mathbf{X}_t^{\mathbf{u}}} = \underset{(m\times1)}{\mu(t,\mathbf{X}_t^{\mathbf{u}},\mathbf{u}_t)}dt + \underset{(m\times n)}{\sigma(t,\mathbf{X}_t^{\mathbf{u}},\mathbf{u}_t)}\underset{(n\times1)}{d\mathbf{W}_t} + \underset{(m\times\ell)}{\gamma(t,\mathbf{X}_t^{\mathbf{u}},\mathbf{Y},\mathbf{N}_{t-,\mathbf{X}^{\mathbf{u}_t}}^{\mathbf{u}},\mathbf{u}_t)}\underset{(\ell\times1)}{d\mathbf{N}_{t,\mathbf{X}^{\mathbf{u}_t}}^{\mathbf{u}}}$$

$$(2.1)$$

初めて確率微分方程式を見る方には，なんだろうこれは？ という感じでしょうが，ここでは雰囲気だけ掴んでください．

[*2]　5.1 節を参照して下さい．

式のなかにある $\mathbf{X}_t^{\mathbf{u}}$ は，戦略 $\mathbf{u}$ で制御された時刻 t での m 銘柄の証券からなるポートフォリオの在庫を表す $\mathcal{F}_t$-適合過程です．また，$\mathbf{W}_t$ は n 次元の標準ブラウン運動，$\mathbf{N}_{t,\mathbf{X}^{\mathbf{u}}}^{\mathbf{u}}$ は価格変動のジャンプを表現するためのポアソン過程です．

この方程式の解 $\mathbf{X}_t^{\mathbf{u}}$ を引数として持つ関数 $f(t, \mathbf{X}_t^{\mathbf{u}})$ (これは $\mathbf{X}_t^{\mathbf{u}}$ 上に書かれた派生証券の価格と考えることもできます) の積分方法について述べたのが有名な伊藤の公式 (Itô's formula) です．

Fischer Black とノーベル経済学賞をとった Myron Scholes は，伊藤の公式を使ってオプション価格を求める方法，いわゆる **Black-Scholes 方程式** (Black-Scholes equation) を発見しました．つまり伊藤の公式がなければ，我々は金融デリバティブの価格を計算できませんでした．そんなわけで，伊藤先生はウォール街でもっとも有名な日本人と言われています [3]．

2.3 HJB 方 程 式

一般的に，(2.1) で表されるポートフォリオ $\mathbf{X}_t^{\mathbf{u}}$ のなかで，値が最大になるような制御 $\mathbf{u}$ を探すのが，戦略策定の作業です．このとき，最大にする値はつぎのような関数 H で与えられます．

$$H\left(\underset{(m\times1)}{\mathbf{x}}\right) = \sup_{\mathbf{u}\in\mathcal{A}} \mathbb{E}\left[G\left(\underset{(m\times1)}{\mathbf{X}_T^{\mathbf{u}}}\right) + \int_0^T F(s, \underset{(m\times1)}{\mathbf{X}_s^{\mathbf{u}}}, \underset{(p\times1)}{\mathbf{u}_s})ds \right] \qquad (2.2)$$

ここで T は最終的にこのポートフォリオを流動化する (すべての在庫を売り払うまたは借り入れていた場合は現物を購入して返済し，在庫を 0 にする) 時刻で，G はその最終時刻でのポートフォリオの価値を計算する関数，また F は，T に至るまでの途中時間で発生する利益または損失を計算する関数です．$\mathbf{X}_t^{\mathbf{u}}$ は確率変数ですので，これを引数とする (2.2) のカギ括弧のなかも確率変数となります．その期待値をとった部分は値関数 (value function) と呼ばれますので，結局 (2.2) は値関数が最大になるように制御 $\mathbf{u}_t$ を動かしそのときの値を関数 H の値としているわけです．そして，この関数 H の値は，時間に関するあ

---

[3]　伊藤清先生ご自身は，2006 年に第 1 回ガウス賞を受賞されています．

る種の線形性を仮定することで，HJB 方程式と呼ばれる方程式の解として得られることが知られています [*4].

以上のようにして制御方法を考えるのが**戦略** (strategy) です.

　値関数を目標にする，という点は，11.2 節で述べる強化学習に適している可能性があります．しかし，実際のところ，取引中にリアル・タイムで HJB 方程式を解いていくときに，ディープ・ラーニング (深層学習) などの重い計算をするのは難しいといえるでしょう.

　さて，一旦 HJB 方程式の解析解 (式で明示的に計算方法が提示される) が得られたならば，計算のコストは下がりますし，なによりも時間に関する線形性のみを前提にする解法は，理論的に盤石なので，多くのトレーダーが HJB 方程式を使って取引をすることになります．しかしながら，みなが同じような情報と HJB 方程式を使っていたら，戦略も似たようなものになってしまいます．その結果，ふたつの弊害が考えられます.

　ひとつは，みなが同じような戦略をとることで，競争が激しくなり，トレーダーひとりひとりの収益が下がること，もっと端的に言えば，取引コストを上回るような収益を上げるのが難しくなることがあります.

　そしてもうひとつは，多くの人が同じ方向で同時に取引をすることによって資産価格が急激に変化する (たとえばフラッシュ・クラッシュなど) リスクでしょう.

　このうち後者については第 10 章で簡単に触れることにして，次節では，前者の収益が減ってしまうことへの対処方法を考えてみます.

2.4　利 益 の 源 泉

　2.1 節でも述べたように，我々が戦略を立てるときには，情報増大系 $\mathcal{F}_t$ から情報を抽出して利用します．しかし実際のところ $\mathcal{F}_t$ の情報は使い切れていません．そこでそこから，まだ見つけられていない利益の源泉となる情報 (アル

[*4]　Hamilton-Jacobi-Bellman 方程式の略です．詳しくは 8.2 節を参照して下さい.

ファ *5) と呼ぶ) を見つけ，それを使って取引速度を変えたり売買タイミングを
ずらすなどの方法で，より高い収益を狙うことが重要になります．

このとき，こうした有意なアルファの発生イベントは，トリガー (trigger) と
呼ばれ，このトリガーによって取引アルゴリズムが参照するパラメタを変動さ
せることになります．

2.5 説明変数と被説明変数

それでは，もう少し具体的にアルファの中身をみていきましょう．基本的な
アイデアは，計量経済学などでおなじみの回帰分析 (OLS とも言います) です．

最初に，日経平均を，S&P500 とドル円為替レートで説明する例をみてみま
しょう *6)．

$$r_t^{\text{Nikkei}} = \alpha + \beta_{\text{SP500}}\, r_t^{\text{SP500}} + \beta_{\text{USD\_YEN}}\, r_t^{\text{USD\_YEN}} + \varepsilon_t \qquad (2.3)$$

ここで r_t^{Nikkei} は日経平均の収益率を表す確率変数で，被説明変数と呼ばれま
す．また r_t^{SP500} と $r_t^{\text{USD\_YEN}}$ はそれぞれ S&P500 とドル円為替レートの収益
率を表す確率変数で，ここではその役割から説明変数と呼ばれています．

つまり，被説明変数をいくつかの別の確率変数の組み合わせで表現しようと
試みているわけです．(2.3) のような 1 次式による推定は線形回帰と呼びます．
推定は説明変数の係数 (回帰係数と呼ばれます) β_{SP500} と $\beta_{\text{USD\_YEN}}$，それと
定数項 α を決めることに他なりません．

説明変数によって推定した被説明変数の推定値と実現値の差を誤差と呼び，
ここでは ε_t としています．この誤差も確率変数で，その分布は平均が 0 になる
と仮定します．つまり $\mathbb{E}[\varepsilon_t] = 0$ です．

さて，それぞれの説明変数に対応した回帰係数 β は，0 でないことが重要で
す (より厳密に言うと，$H_0 : \beta = 0$ という帰無仮説が棄却される，つまり有意
に 0 でないことが重要です)．なぜなら，もし β が 0 である可能性が高いなら

---

*5)　2.6 節で解説します．
*6)　(2.3) のなかの α は，アルファの語源になっていますが，後に述べるように，業界で使われる
　　アルファはこの α よりも広い意味で使われています．

ば，その説明変数は説明力を持っていない，ということになるからです．

なお，(2.3) 全体がどれほど r_t^{Nikkei} を説明しているかをみるには，**決定係数** (R-square)(R^2) や**自由度調整済み決定係数** (adjusted R-square) をみます．決定係数は通常 1 以下の正数で，値が 1 に近づくほど説明力があることを示しています．

決定係数の利用方法は次節で述べます．

2.6 アルファとは何ものか？

前節でみた収益率について，もう少し詳しくみてみましょう．

今，$\mathcal{F}_t$-適合な確率過程 Y_t があったとき，

$$\Delta Y_t := \frac{Y_t - Y_{t-h}}{Y_{t-h}} \tag{2.4}$$

とおきましょう．ここで h は正の定数です．たとえば Y_t が証券の価格変動を表しているならば，ΔY_t は直近 h 単位時間の間の収益率を表します．この h のことを**時間地平** (time horizon) と呼ぶことにしましょう．ここで大事なのは，ΔY_t も，時刻 t までの情報のみに依存しているので，$\mathcal{F}_t$-適合な確率過程になることです．

このとき，ΔY_{t+h} は，今 (時刻 t) から h 単位時間後の収益率を表しています．この確率変数は時刻 t 以降の情報に依存していますから，t の時点では観測することができません．

問題は，この時刻 $t+h$ で初めてわかる情報を時刻 t までに得られた情報だけで予測することです．もし，これを予測できれば，ΔY_{t+h} が十分に大きな正の数であるときはこの証券を購入し，また逆に絶対値が十分に大きな負の数であればこの証券を売却あるいは空売りし，h 単位時間後に流動化すれば正の利益を得られます．

もう少し具体的にみてみましょう．今 K 個の説明変数で ΔY_{t+h} を線形回帰してみます．

$$\Delta Y_{t+h} = \alpha + \beta_1 X_{1,t-} + \beta_2 X_{2,t-} + \cdots + \beta_K X_{K,t-} + \varepsilon_{t-} \tag{2.5}$$

ここで $t-$ というのは，t の直前の時刻です．したがって (2.5) の右辺は可予測

過程です．つまり制御に用いることができます．この点は非常に重要です．もちろん神様のご神託のようなものもあるかもしれませんが，その場合は可予測過程ではない，というか適合過程ですらないでしょう．

一方，(2.5) の左辺は h 単位時間後に判明する値ですから適合過程ですらありません．

(2.5) のようなうまい近似を得られたとき，我々はアルファを特定した！ と言います．うまい近似であるかどうかは，前節の最後で触れた決定係数で判断します．

2.7 時 間 地 平

アルファを導く説明変数は，取引の時間地平 h によって探し方が大きく異なります．

最初に長い地平を考えてみます．たとえば半年後に反対売買をして利益を確定する，というような場合です．このくらいの長さになると，その証券の発行体である企業のファンダメンタルズを見ることはもちろん，政治などの社会情勢なども考慮する必要があるでしょう．つまりマクロ経済を考慮する必要があるわけです．タイム・スケールがこのように長くなると，細かな摂動が見えなくなり，その挙動は連続的な性質を持つようになります．これを扱う理論は，物理学のアナロジーで言えば，相対性理論のようになるでしょう．

つぎに短い地平を考えてみます．たとえば1分以内に反対売買をして利益を確定する，というような場合です．このくらい短期になると，もはやマクロ経済を考慮する必要はなくなります．そして細かな摂動が主な動きとなり，その挙動は離散的性質として捉えられていくようになります．これを扱う理論は，物理学のアナロジーで言えば，量子力学のようになるでしょう．

このように時間地平の長さによって，アルファを探す場所も考え方も大きく変わるのです．

ところで，このようにして見つけたアルファの賞味期限はどのくらいでしょう？ つまり，その賞味期限を過ぎたならば，発見したと思っていたアルファは

2.7 時 間 地 平

もはやその効力を失って消えてしまっている，という時間幅のことですが．

これは，当然ながら，そのアルファを探索するときに前提とした時間地平よりも短くなります．一般的には，時間地平が半年であれば対応するアルファの賞味期限は数週間，また時間地平が1分であれば賞味期限は10秒というような感じです．

たとえばHFTなどで賞味期限10秒のアルファのトリガーで発注した指値注文は，もし10秒たっても約定が返ってこないようであれば取り消さないと危険だということです．

3

アルゴ・ビジネスの階層

　実際に，アルゴリズム取引をビジネスとして行うときには，どのような組織でどのような段取りで行うのでしょうか？　本章では，このテーマを扱います．

　1.5 節でも述べたように，ヘッジ・ファンド内などで行うアルゴ・ビジネスは，アルファの特定，戦略の策定，アルゴリズムの実装，それにオペレーションの 4 つの業務に分解できます．

　このうち 2 の**戦略** (strategy) は，目標とする指標 (あらかじめ指定した将来時刻 T での資産価値など) を最大化するための時刻に応じた行動予定を指します．これは通常，不確定な将来を見据えて確率的に変化させる制御となりますが，同じ目標を持つ投資家の間では似たような戦略をとることが多くなり，そうした競争の結果自分だけが大きな利益を得ることは難しくなります．そのためこの競争を有利に進めるためには，他人が持っていない何らかの利益の源泉となる情報を持つことが重要になります．このような情報をアルファ (alpha) と呼び，その探索が 1 のアルファの特定です．

　一旦アルファが特定され，それに基づいた戦略が決まれば，今度はそれをコンピュータが理解できるプログラム言語で記述しなくてはなりません．これが 3 のアルゴリズムの**実装** (implementation) です．最後に実装されたプログラムを搭載したシステムを走らせて現実の市場で取引をするのが 4 のオペレーション (operation) です．

　以下ではこれらをひとつずつ概観していきます．

3.1 アルファの特定

　一番川上にある業務は，アルファの特定です．これは2.4節で見たように，利益の源泉であるアルファを探すことで，もっとも重要でかつ難しい業務です．また，アルファはあらかじめ決めた時間地平のもとで探索することになります．アルファはアクティブ運用においては不可欠な要素ですが，たとえ顧客相手のパッシブ取引であっても高速取引においては最低限のアルファ特定は不可欠です．

　アルゴリズム取引でアルファを探すときのもっとも重要な指針は，何度も述べているように，いかに科学的な裏付けを持った推論によって探索するかということです．すなわち，汎用性のない経験や勘ではなく，金融工学や数理ファイナンスの理論を用いた科学的なモデルを構築し，さらにその妥当性を実証実験によって検証することが必要です．

　こうした推論を行うには，たとえば高頻度取引では，大量の tick データが必要になります．2000年台の初頭までは，こうしたデータは，時間解像度がそれほど高くなく，ともすれば秒単位で処理すれば事足りるような状況でした．データ量も，丸一日の東京証券取引所の一部上場銘柄すべてをみても数十メガバイトで収まるレベルでした．今から見れば随分と低速な取引で，かつ小さなデータですが，当時の計算機の能力では，これでも処理に工夫が必要な規模でした．

　こうしたデータは，基本的には，証券会社の内部にいれば，アクセスできたのですが，ただし，それが効率的にアクセスできるデータベースの形で保存されていたかというと，そうとは限りませんでした．

　またアカデミズムに至っては，そもそもそのようなデータにアクセスする術もなく，その結果，学術的な実証実験は，企業内のそれに比べて現実味がないものとなっていたきらいがありました．

　今でも，金融業界内とアカデミズムとの間での情報格差は存在しますが，かつてのような大きな違いはなくなってきています．

　アルファはどんなところから探すか？　これは端的にいうと，市場のなかの非

効率な部分です．たとえば，考えている時間地平に対して十分に長い時間，理論価格からずれている点を見つけ，乖離はいずれゼロに収束するという仮定のもとで，アルファがある，と判断します．ただ，このように簡単に言っても，実際はどのような計算手法でそのような点を見つけるか？　あるいはアルファを効率よく見つけるツールとして何を使うか？　など，経験がモノを言う部分が大きいのが実情です．

　このように苦労して見つけたアルファをもとにして取引をするわけですが，必ずしも最初から儲かるわけではありません．自分が見つけたアルファがこのようにうまく働かないときは，さっさとカバンのなかにしまいこんでオフィスを逃げ出したくなります．そんなときに踏みとどまる力を持てるのは，アルファ探索を，とことん科学的に行った，という自負心だけです．

3.2　戦　略　の　策　定

　前節で述べたアルファを見つけたときに作ったモデルと矛盾しないように，実時間で作動する戦略を策定するのがつぎの仕事です．

　理論的には，可予測な在庫管理を行うわけなので，HJB 方程式の解が示す売買行動をとればよいのですが，どの取引所を通して取引を行うか，また約定がなかなかされずに，アルファの賞味期限が過ぎていくなかで市場への露出をどのように制御してリスクを減らすか，などの種々の要素を加えていくことも必要になります．これらをすべて厳密に計算に反映させようとすると，特に高頻度取引では，すぐに計算時間が足りなくなります．そこでたとえ近似であっても，計算速度が十分に速い手法を採用する必要がでてくるのです．

　もしこの段階で，9.3 節で述べる戦略記述言語 (SDL) を使用するのであれば，つぎに述べるアルゴリズムへの落とし込み業務と一体化させることもできます．

　大事なことは，この段階で想定外を残してはいけない，ということです．曖昧さをなくし考えられるすべての場合に対応したアルゴリズムを記述することがもっとも重要です．

3.3 アルゴリズムの実装

SDL が用意されていない，あるいは SDL があっても戦略策定者が実装方法にあまり通じていなかったり，SDL の記述能力が不足する場合は，3 番目の業務として，アルゴリズムの実装をしなくてはいけません.

高速取引エンジンがなく，まったくスクラッチからコードを書くのは，大変な仕事で，これはもう完全にプロのプログラマの仕事です.

一方，使用するエンジンが SDL を持たず，たとえば C++で埋込み型のコードを，指定されたテンプレート[1] に従ってコーディングする場合は，コンパイラ言語特有のハードルの高さがあります.

いずれにしても，アルゴリズムの実装で，もっとも重要なのはフェイル・セーフです．つまり障害が発生したときの，的確な手当を書き込んでおかないといけません．これは戦略の策定の項で述べた想定外を残してはいけない，というのに似ていますが，ここではシステムが何らかの事情で異常な動きをし始めたときに速やかに自分自身で「停止」を含む対処をできるようにしておく，ということです．HFT などの場合は，異常動作で一瞬にして大きな損失を出すことがあるので，これは極めて重要です.

こうした異常事態で，意図しない形でシステムがダウンする，ということがあります．このとき，システムを再立ち上げするわけですが，取引の連続性を保つことが大変重要です．たとえば，ダウン前に市場に送出していた注文をきちんと覚えていて，リカバリ後に受信した約定を的確に処理する，というようなことです.

最後に，高速取引の際にはスピードが重要なことは言うまでもありません．同じ処理を行うのにも，よいアルゴリズムや行き届いたコーディングをすることでライバルに打ち勝つことができます.

---

[1] ここで言うテンプレートは，C++のテンプレート構文ではなく，高速取引エンジンの作成者が，ユーザに API を，その API を使ったサンプル・プログラムとともに開放しているときの，(穴埋め形式の) サンプル・プログラムを指しています.

3.4 オペレーション

戦略を実装したアルゴリズムは, ロボット (robot) あるいは, ボットと呼ばれ, そのロボットを起動したり, 運転状況を監視する業務がオペレーションです.

アルゴリズム取引は基本的に完全オートマチックです. 1990 年台半ばの, 市場が極めてシンプルであった時代には, システムをオンにしたら後は目を閉じていればよい, ということもあったようですが, それは市場に競争相手もいなかったほんの数年のことで, その後はずっと, たとえ完全オートマチックであっても急な市場の動きに備えて, コンプライアンスを含むリスク管理の手法を熟知したオペレータが, システムを監視する必要があります.

プロのオペレータは, 大抵の不測イベントには対応できますが, 戦略の細かい部分はブラックボックスとして委託されているため, 説明を受けている動作と矛盾するような動きをロボットがした場合には, 戦略策定者, あるいは遡ってアルファ探索者に連絡をとり, 事態を収集する必要があります.

市場全体がさらされるシステミック・リスクとは違い, オペレーション・リスクは, 一人負け, つまり市場から退出させられる危険性に直結するので, オペレーション業務は極めて重要です.

一方, そのような重要な使命を帯びたオペレータにとって, ロボットが取引する様は具体的にどんな風に見えるのでしょうか? それは自動運転の車に乗って, 手を離したハンドルが勝手に動くのを眺めているような感覚です.

ロボットがオペレータに提供する GUI によっても異なりますが, たとえば 2 種類のアセット (あるいはアセットの集合) の間での裁定取引を高速で行うロボットの場合, それはちょうど飛行機を操縦するようなもので, 前方から敵が攻撃してくる状況下で, 左右の翼がそれぞれポイントする 2 種類のアセットの価値間のミス・プライシングを狙い, あるときは機体を右に傾けあるときは左に傾けることによって先に進んでいくのを実感できます. このとき, 前方から

の攻撃を避けるためのシールドを小さくするほど速度は増しリターンは増えますが，被弾してダメージを受けるリスクも高くなってしまいます．

　あらかじめプログラムされたリスク許容度の許す範囲で，リターンを狙っていくロボットを見ていると，まるでビデオ・ゲームをやっているような感覚になることがあります．

3.5　リスク管理

　高頻度取引では，ひとつひとつのトレードの利ざやは極めて薄いです．そうしたなか，もっとも重要なのは法令遵守を含む各種リスク管理です．実際，わずかなリスク管理の失敗で，一瞬のうちにそれまでコツコツと貯めた利益が吹っ飛ぶことはよくあります．

　システムは，正気テスト[2] を可能なところではすべて，くどいほど行うことが重要です．そして，もしひとつでもテストにひっかかったなら，原因が完全にわかるまで，システムを止める勇気を持つことが非常に大切です．

　アルゴリズム取引の成否は，システム＋人間系の完成度の高さによって決まるのです．

---

[2]　9.1.2 節を参照して下さい．

4

電子市場と板情報

　証券取引所では，市場参加者から送られてくる値段を指定された注文は板情報という時刻とともに変化する情報の塊として保持します．本章では，この板情報の形とそれらの変化のメカニズムについて解説します．

4.1　市場参加者と証券取引所

　市場で売買取引を行う人または組織を市場参加者あるいはトレーダー (trader) と呼びます．市場参加者は，個人投資家の他に，年金基金，生命保険会社，銀行，証券，ヘッジ・ファンドなどが該当する機関投資家があります．こうした市場参加者が発注する売買注文を一箇所に集中し，大量の需給を統合することによって，証券の市場流通性を高め，ひいては公正な価格形成を図る目的で作られた施設が証券取引所 (stock exchange) です [*1]．証券取引所における取引 [*2] は，大量の売買注文を公正かつ円滑に執行するため，取引時間や値段を指定する方法などについて細かな規則が決められています．証券取引所にて取引が行われる時間帯を立会時間または場といいます．たとえば東京証券取引所では昼休みを挟んで 9 時から 11 時半までの前場（ぜんば）と 12 時半から 3 時までの後場（ごば）と呼ばれるふたつの場があります [*3]．

　値段を指定する注文を指値注文 (limit order)，値段はいくらでもよいとする

[*1]　1998 年 12 月以降，それまでは証券取引所でしか売買が許されていなかった上場証券の売買は，一部証券会社で開設された私設取引市場 (proprietary trading system; PTS) でも行えるようになりました．

[*2]　取引所取引と呼ばれます．

[*3]　海外の取引所では昼休みがあるのは珍しいです．

注文を成行注文 (market order) と呼びます．売りについてはもっとも低い値段が，買いについてはもっとも高い値段が，また，指値注文よりも成行注文が優先して売買が成立することを**価格優先の原則**と言います．同じ値段の売買注文の場合，時間的に先に発注された注文が優先して売買が成立することを**時間優先の原則**と言います．価格優先の原則と時間優先の原則をまとめて**競争売買の原則**と言います．取引所取引は競争売買の原則に従って行われます．

場の最初についた取引を寄り付き，また寄り付きでの値段を 始 値と言います．単に「寄り付き」と言ったときは，前場の寄り付きを指すのが一般的です．場の最終の取引を引け，また引けでの値段を 終 値と言い，特に前場の引けを前引け，後場の引けを大引けと言います．寄り付きと引け以外の取引をザラバと言います．

次節では，始値，終値，それにザラバにおける値段がいかにして決まるかを解説します．

4.2　板情報と約定方式

資本市場における値段は需要と供給により決定されます．この基本は，株式市場でも同様で，株価は需要 (買い注文) と供給 (売り注文) によって決定されます．この決定はふたつのルール，**板寄せ方式**と**ザラバ方式**に従って行われます．これらのルールを説明する前に，まずは板情報について解説します．

前節でみたように，取引所に出す代表的な注文には，指値注文と成行注文があります．これらの買い (売り) 注文が取引所に届き，それに対応した売り (買い) 注文が取引所に存在するあるいは新たに届くと取引が成立します．このとき，取引がどのように成立したかという情報は約定 (execution) と呼ばれ，取引成立後，取引所から注文主へ速やかに報告されます．

成行注文の場合は，通常は，取引所に到着すると買い注文であればそのとき取引所で待っている最安値の売り指値注文と，あるいは売り注文であればそのとき取引所で待っている最高値の買い指値注文と，瞬時に約定します．しかし，指値注文の場合は，しばらくの間取引所に留まり，適当な反対向きの注文が届く

のを待つことになります．このように取引所に滞留している指値注文の銘柄ご
との集合をひと目で見ることができるようにした図が**板情報** (limit order book;
LOB) です．

```
09:00:08.280
     100( 1)    1006
     300( 2)    1005
    1500( 2)    1004
     400( 1)    1003
     200( 1)    1002
     500( 2)    1001
    1000( 1)   *1000
                 999
                 998   1500( 4)
                 997    400( 1)
                 996    700( 2)
                 995    900( 3)
                 994   1000( 1)
```

図 **4.1**　ザラバ中の板情報

　図 4.1 は寄り付き (午前 9 時) 直後の板情報です．時刻は 9 時 0 分 8.280 秒．
中央の列が値段を表し，各行を板と呼びます．現在の株価 (気配値 (quote) と
いう) は 1000 円．その上下 6 枚 [*4)] の板にどのように注文が入っているかを表
しています．左側の列 (ask side) は売り指値注文の株数を示し，右側の列 (bid
side) は買い指値注文の株数を示しています．売る方はできるだけ高く売りた
いし，買う方はできるだけ安く買いたいのでこのような形になるわけです．括
弧の中の数字はその株数がいくつの注文の合計であるかを示しています．たと
えば，1001 円ではふたつの売り指値注文があり，その合計は 500 株です．た
だこの情報だけでは，ふたつの注文が 300 株と 200 株なのか，100 株と 400 株
なのか，またその到着順序はどうなのか，というようなことまではわかりませ
ん．売り注文で一番安い金額 (ここでは 1000 円) を**最良売り気配** (ask price),
また買い注文で一番高い金額 (ここでは 998 円) を**最良買い気配** (bid price) と

[*4)]　証券業界では「板情報」全体を「板」と呼び，この本で言う「板」を「売り板」もしくは「買い
板」のように呼ぶのが一般的です．しかしこの本では「板」の集合を「板情報」と定義し，それ
に伴い板の単位として一般的に使われる「本」ではなく「枚」を使うことにします．

言い，その差 (ここでは 2 円) をスプレッド (bid-ask spread)，その平均 (ここでは 999 円) を仲値 (mid-price) と言います．

ザラバにおける約定の決定方式は競争売買の原則に従います．これをザラバ方式，あるいはオークション方式と呼びます．

図 4.1 の板情報の状態で 300 株の買いの成行注文が届いたとすると，1000 円で 1000 株の売り注文と約定して，300 株すべてが瞬時に約定し，1000 円の売り注文は 700 株に減ります．さらに同じ買い注文でも 1300 株だった場合は，1000 円の 1000 株すべてと約定してもまだ 300 株不足するので，1001 円の 500 株の売り注文とも約定します．このとき 1000 円の買い注文はなくなり，1001 円の買い注文は残り 200 株になります．また平均約定値段は

$$1000 \times \frac{1000}{1300} + 1001 \times \frac{300}{1300} \fallingdotseq 1000.23 (円)$$

となります．

つぎに同じ図 4.1 の状態で 300 株の売りの成行注文が届いたとすると，今度は 998 円で 1500 株の買い注文と約定します．すると 300 株は瞬時に約定して，998 円の買い注文は 1200 株に減ります．しかし，注文数の 4 がいくつに変化するかは，4 件の注文のサイズとそれらがどの順序で取引所に届いていたかに依存するので，約定後の板情報を見ないとわかりません．

指値注文の場合は，成行注文と違って，取引所に届いてからすぐに約定されるわけではなく注文した金額の板に並ぶことになります．たとえば図 4.1 の板情報のとき，1002 円で 400 株の売り指値注文を出したとします．するとすでに 1002 円の ask side にある 200 株の注文の後ろに並び，結果として総株数は 600 株に，また注文数は 2 になります．

問 4.1 図 4.1 の板情報のとき，997 円で 1000 株の売り指値注文を出すと，板情報はどのように変化しますか？ またもし約定が発生するなら，そのときの平均約定金額はいくらになりますか？

東京証券取引所では，前場が開く 1 時間前，つまり午前 8 時から注文を受け付

けます．受け付けてはいますが場が開く午前 9 時まではたとえ成行注文であっても約定は発生しません．そのため，9 時までの板情報は，一般に図 4.2 の左の板情報のように同じ値段の板に売りと買いの両方の株数が存在します [*5)]．

```
      08:59:59.890                        09:00:00.213
           1400   成行   1600                       成行
            300   1002                       300   1002
           1200   1001    200   ⟹          1200   1001
            500   1000    300                300   1000
            500    999    300                       999   300
                   998    200                       998   200
```

図 4.2　板寄せ

　それが午前 9 時になると同時に約定が発生し，図 4.2 の右の板情報のように板が整理されます．このときに使われる約定方式は**板寄せ方式**と呼ばれ，ザラバ方式とは異なる手順で行われます．以下では，板寄せ方式の手順について解説します．

　約定の発生を報告するには，約定させる注文を特定し，約定値段を決定しなくてはいけません．また板寄せ方式では，一点の時刻で行うため，時間優先の原則は適用できません．その上で，以下の板寄せ条件を満たすことを要求します．

IY1　成行の売り注文と買い注文がすべて約定すること

IY2　約定値段より高い買い注文と，約定値段より低い売り注文がすべて約定すること

IY3　約定値段において，売り注文または買い注文のいずれか一方すべてが約定すること

図 4.2 の右の板情報がこれら板寄せ条件を満たしていることは明らかでしょう．

　一方，板寄せ前の板情報の形によっては，板寄せ条件を満たした形で板寄せすることは不可能な場合があります．たとえば，指値注文がまったくなく成行注文ばかりが 9 時前に入り，しかも成行の売りと買いの株数が一致しないならば，条件 IY1 を満たすようにはできません．

[*5)]　図 4.2 では図 4.1 と違って，注文数は表示されていません．また，成行注文の株数が表示されている点も異なります．

4.2 板情報と約定方式　　　　　　　　31

　板寄せの考え方を具体的に理解するため，具体例として図 4.2 をいくつかの
ステップに分解して見ていきます．まずは図 4.2 の左の板情報の各板のうち，
条件 IY1-3 を満たしていない板をグレーまたは太字で表示したのが，図 4.3 で
す．これらの色のついた板を便宜的に未処理板と呼ぶことにします．ここで特
に太字になっている注文は，未処理板のなかで，条件 IY1 を満たすために処理
しなければいけない注文を示しています．

板寄せ開始

1400	成行	**1600**
300	1002	
1200	1001	200
500	1000	300
500	999	300
	998	200

図 **4.3**　板寄せ (ステップ 0)

　図 4.3 の板情報を，ふたつの板情報，約定予定板情報と途中経過板情報に分
解したものが図 4.4 です．ここで約定予定板情報は，図 4.3 において成行の買
い注文 1600 株のうちの 1400 株を，同じく成行の売り注文 1400 株と付け合わ
せたものとして転記しています．また途中経過板情報は，約定予定株数を図 4.3
から差し引いてできた板情報です．したがって，約定予定板情報と途中経過板
情報の板ごとの和をとると図 4.3 の板情報に一致します．
　つぎに条件 IY1 を満たすために図 4.4 の途中経過板情報にある成行での 200
株の買い注文との付け合せを考えなくてはいけませんが，この相方には未処理
板のなかで最安値の 999 円で売り注文を出している 500 株を選びます．

約定予定				途中経過		
1400	成行	**1400**			成行	**200**
	1002			300	1002	
	1001			1200	1001	200
	1000			500	1000	300
	999			**500**	999	300
	998				998	200

図 **4.4**　板寄せ (ステップ 1)

図 4.4 の途中経過にある成行 200 株の買い注文を 999 円の売り注文と付け合

32   4. 電子市場と板情報

せて約定予定に追加したものが図 4.5 です．この図でも約定予定板情報と途中
経過板情報の和は図 4.3 になっています．なおこの関係は図 4.6 - 4.8 でも変わ
りません．

約定予定			途中経過		
1400	成行	**1600**		成行	
	1002		300	1002	
	1001		1200	1001	**200**
	1000		500	1000	300
200	999		**300**	999	300
	998			998	200

図 4.5　板寄せ (ステップ 2)

　図 4.5 では成行注文の処理が終わり，途中経過板情報は条件 IY1 を満たすよ
うになりました．つぎに条件 IY2 を満足させるための付け合せを進めていきま
す．最初に，1001 円の板にある 200 株の買い注文を未処理板のなかで最安値の
999 円で出ている 300 株の売り注文のうちの 200 株と付け合せます．その結果
が図 4.6 です．

約定予定			途中経過		
1400	成行	1600		成行	
	1002		300	1002	
	1001	**200**	1200	1001	
	1000		500	1000	**300**
400	999		**100**	999	300
	998			998	200

図 4.6　板寄せ (ステップ 3)

　同様にして，今度は図 4.6 の途中経過板情報のなかで，1000 円の板にある 300
株の買い注文のうちの 100 株と，未処理板のなかで最安値の 999 円で出ている
100 株の売り注文と付け合せ，図 4.7 を得ます．
　図 4.7 では未処理板が 1000 円の板のみになったことに注目しましょう．こ
の唯一残った未処理板の値段 1000 円を約定値段とします．この結果，図 4.7 の
途中経過板情報は条件 IY2 を満たすことになります．
　つぎに条件 IY3 を満たすために，1000 円の未処理板の 200 株の買い注文と，

4.3 電 子 市 場

約定予定	成行	1600			途中経過		成行	
1400	成行	1600					成行	
	1002					300	1002	
	1001	200				1200	1001	
	1000	**100**				**500**	1000	**200**
500	999						999	300
	998						998	200

図 4.7 板寄せ (ステップ 4)

約定予定	成行	1600			板寄せ後		成行	
1400	成行	1600					成行	
	1002					300	1002	
	1001	200				1200	1001	
200	1000	**300**				300	1000	
500	999						999	300
	998						998	200

図 4.8 板寄せ (ステップ 5)

500 株の売り注文のうちの 200 株を付け合せて，図 4.8 を得ます．

最後に図 4.8 の約定予定の注文 2100 株をすべて約定値段 1000 円で約定し，板寄せが終了します [6]．

以上が，板寄せ方式の手順ですが，これは上の例のような寄り付きだけでなく，引けでの取引および売買が中断された銘柄の再開後の最初の約定値段を決める際にも使われます．

4.3 電 子 市 場

1.4 節でも触れたように，取引所外取引システムとして，ECN や PTS などがありますが，これらは 4.2 節で述べたのと同様な板情報を開示しています．

複数の取引所／取引システムで同一銘柄の板情報があるという事態が発生すると，現在の値段は果たしていくらなのか，という問題が生じます．さらに，それぞれの板情報が手元に届くまでの時間に差があると問題はより複雑になり

---

[6] 約定値段 1000 円での売り注文 500 株のうちの 200 株だけが約定するわけですが，500 株の注文が複数の注文の合計であった場合にどの注文に対して約定するかは時間優先の原則に従って決まります．

ます.

　一方，やはり取引所外取引システムではありますが，前述の取引システムとは異なり，板情報を開示していない，あるいはそもそも指値注文を許さないダーク・プール (dark pool) と呼ばれる電子取引システムがあります.

　こうした取引所外取引システムがどのように使われるのか，またその問題点は何かということは，この本の後半で触れます.

5

市場参加者モデル

　取引戦略を設計・実装する際に直面する問題を論じるためには，これらの取引戦略を駆動させる経済について理解しなくてはなりません．アルゴリズム取引，特に HFT においては，これは市場の微細構造の理解に他なりません．本章では，異なるタイプの市場参加者が合理的な意思決定を行うと，市場の各要素はどのような振る舞いを見せるかを，単純化した離散時間モデルのもとで数学的に論じます．

　なお，この章の内容は，これに続く章とは独立していて，なおかつ付録で紹介するような確率論の知識を前提としていますので，最初に読むときはスキップしてもらっても構いません．

5.1　離散時間市場モデル

　市場参加者には，受動的 (passive) トレーダーと能動的 (active) トレーダーという 2 種類のトレーダーがいます．

　受動的トレーダーは成行注文で証券を取引します．彼らの利益の源泉は，約定スキルとも呼べる市場の変化に対するすばやい適応力です．こうした参加者はマーケット・メーカー (market maker) とも呼ばれます．

　一方，能動的トレーダーは指値注文を使って取引します．彼らの利益の源泉は，価格変動の予測と市場に介入するタイミングを特定する能力です．こうした参加者は流動化トレーダー (liquidation trader) と呼ばれることもあります．

定義 **5.1**　市場での，時間ドメイン，およびそこで発生する情報を以下のよう

36   5. 市場参加者モデル

に定義します.

1) 時間ドメイン

$$\mathcal{T} := \{0, 1, 2, \ldots, T\} \tag{5.1}$$

2) アナウンスメント

$$\varepsilon_1, \varepsilon_2, \ldots, \varepsilon_T \tag{5.2}$$

これは独立同分布な確率変数の列で

$$\varepsilon_t \sim N(0, \sigma_A^2) \tag{5.3}$$

また各 ε_t は期間 $(t-1, t]$ の間に生成されます.

3) フィルトレーション (情報増加列)

$$\{\mathcal{F}_t\}_{t \in \mathcal{T}} \quad \text{ただし} \quad \mathcal{F}_t := \sigma(\varepsilon_s \mid s \le t) \tag{5.4}$$

4) 価格過程 [*1)] ($\{\mathcal{F}_t\}_{t \in \mathcal{T}}$-適合過程)

$$\{S_t\}_{t \in \mathcal{T}} \quad \text{ただし} \quad S_T = \mu + \sum_{t=1}^{T} \varepsilon_t, \quad \mu \text{ は定数} \tag{5.5}$$

たとえば

$$\mu_t := \mathbb{E}[S_T \mid \mathcal{F}_t] \tag{5.6}$$

とすると, 確率過程 $\{\mu_t\}_{t \in \mathcal{T}}$ は $\{\mathcal{F}_t\}_{t \in \mathcal{T}}$-マルチンゲールになります.

問 5.2 $\mu_t = \mu + \sum_{s=1}^{t} \varepsilon_s$ を示しなさい.

問 5.3 $\varepsilon \sim N(0, \sigma^2)$ ならば $\mathbb{E}[e^{-u\varepsilon}] = e^{\frac{\sigma^2 u^2}{2}}$ となることを示しなさい. ただし ε の密度関数 ϕ は $\phi(x) = \frac{1}{\sqrt{2\pi}\sigma} e^{-\frac{x^2}{2\sigma^2}}$.

今, 金利を無視すると, もし $S_t = \mu_t$ が成立するならば, これはある意味公正な価格遷移と考えられます. しかし途中で取引が行われると, 市場参加者の

[*1)]　この設定では ε_t の値が負になる場合に $S_T < 0$ となる可能性を排除できません. しかし, 本節の議論では T が十分に小さい場合のみを考え, この可能性は無視します.

思惑で $S_t \neq \mu_t$ となることがあります. これを細かくみていきます.

取引する証券をひとつ固定します. 市場参加者の集合を J, トレーダー $j \in J$ が時刻 $t \in \mathcal{T}$ に所持している証券の在庫量を q_t^j で表すことにします. 在庫量は参加者 j の意志で決めるわけですが, このような量は制御 (control) と呼ばれます. 制御は $\{\mathcal{F}_t\}_{t \in \mathcal{T}}$-可予測過程です. ところで, 参加者は J 以外にはいないので, 任意の $t \in \mathcal{T}$ で以下が成り立ちます.

$$\sum_{j \in J} q_t^j = 一定 \tag{5.7}$$

市場参加者 $j \in J$ の時刻 $t \in \mathcal{T}$ での取引累積利益 X_t^j は以下のようになります.

$$X_t^j = \begin{cases} 0 & (t = 0 \text{ のとき}), \\ X_{t-1}^j + (q_{t-1}^j - q_t^j)S_t & (t \in \mathcal{T} - \{0\} \text{ のとき}) \end{cases} \tag{5.8}$$

S_t は確率変数なので, X_t^j も確率変数になります.

この X_t^j を各 $j \in J$ が, 自分の効用関数のもとで最適な値になるように制御 q_t^j を選ぶと価格 S_t はいくらになるかをみるのが本節の目標です.

今, 市場参加者 $j \in J$ は, 時刻によらず以下の形の効用関数 [*2)] を持つとします.

$$U_j(x) := -e^{-\gamma_j x} \tag{5.9}$$

ここで $\gamma_j > 0$ は危険回避パラメタ (risk aversion parameter) と呼ばれる定数です. すなわち時刻 t で取引をする市場参加者 j は, 期待効用

$$\mathbb{E}[U_j(X_{t+1}^j) \mid \mathcal{F}_t] \tag{5.10}$$

を最大化するように q_t^j を選ぶことになります.

問 5.4 関数 $U_j(x)$ は上に凸であることを確認しなさい.

[*2)] この例の関数 $U_j(x)$ は指数効用関数 (exponential utility function) と呼ばれます.

38   5. 市場参加者モデル

最初に以下の補題を示します.

補題 5.5   確率変数 Y と σ-加法族 $\mathcal{F}$ が与えられているとき, $\eta := Y - \mathbb{E}[Y \mid \mathcal{F}]$ とおくと, 確率変数 η と $\mathcal{F}$ は独立になります.

Proof. 任意の $A \in \mathcal{F}$ に対して,

$$\mathbb{E}[\mathbb{1}_A \eta] = \mathbb{E}[\mathbb{1}_A]\mathbb{E}[\eta] \tag{5.11}$$

を言えば十分です.

最初に

$$\mathbb{E}[\eta \mid \mathcal{F}] = \mathbb{E}[Y - \mathbb{E}[Y \mid \mathcal{F}] \mid \mathcal{F}]$$
$$= \mathbb{E}[Y \mid \mathcal{F}] - \mathbb{E}[\mathbb{E}[Y \mid \mathcal{F}] \mid \mathcal{F}] = \mathbb{E}[Y \mid \mathcal{F}] - \mathbb{E}[Y \mid \mathcal{F}] = 0$$

また

$$\mathbb{E}[\eta] = \mathbb{E}[\mathbb{E}[\eta \mid \mathcal{F}]] = \mathbb{E}[0] = 0$$

よって (5.11) の右辺は 0. 一方左辺は

$$\mathbb{E}[\mathbb{1}_A \eta] = \mathbb{E}[\mathbb{E}[\mathbb{1}_A \eta \mid \mathcal{F}]] = \mathbb{E}[\mathbb{1}_A \mathbb{E}[\eta \mid \mathcal{F}]] = \mathbb{E}[\mathbb{1}_A 0] = 0$$

$\square$

つぎに,

$$Z_t := \mathbb{E}[S_{t+1} \mid \mathcal{F}_t] \tag{5.12}$$

$$\eta_{t+1} := S_{t+1} - Z_t \tag{5.13}$$

とおくと, $S_{t+1} = Z_t + \eta_{t+1}$. これを (5.8) に代入すると,

$$X_{t+1}^j = \{X_t^j + (q_t^j - q_{t+1}^j)Z_t\} + (q_t^j - q_{t+1}^j)\eta_{t+1}$$

ゆえに

$$U_j(X_{t+1}^j) = -\exp\{-\gamma_j(X_t^j + (q_t^j - q_{t+1}^j)Z_t)\}\exp\{-\gamma_j(q_t^j - q_{t+1}^j)\eta_{t+1}\}$$

条件付期待値の性質より

$$\mathbb{E}[U_j(X_{t+1}^j) \mid \mathcal{F}_t] = -\exp\{-\gamma_j(X_t^j + (q_t^j - q_{t+1}^j)Z_t)\}\mathbb{E}[e^{-\gamma_j(q_t^j - q_{t+1}^j)\eta_{t+1}} \mid \mathcal{F}_t]$$
(5.14)

ここで以下の仮定を設けます.

仮定 5.6　$\eta_{t+1} \sim N(0, \sigma_E^2)$.

すると (5.14) と補題 5.5 と問 5.3 より

$$\mathbb{E}[U_j(X_{t+1}^j) \mid \mathcal{F}_t] = -\exp\left\{-\gamma_j(X_t^j + (q_t^j - q_{t+1}^j)Z_t) + \frac{1}{2}\sigma_E^2\gamma_j^2(q_t^j - q_{t+1}^j)^2\right\}$$
(5.15)

そこで $t = T-1, T-2, \ldots, 1$ と順番に (5.15) が最大になるような q_t^j を求めていきます.

(5.15) の中括弧の中身は q_t^j の 2 次式でかつ 2 次の係数が正ですから,最大値をとるような q_t^j は (5.15) を微分して 0 とした方程式を解くことで得られます. (5.8) より

$$\frac{\partial X_t^j}{\partial q_t^j} = -S_t$$

であること,および q_t^j の最適値を求めるときには,すでに q_{t+1}^j が決定している (つまり定数となっている) ことに注意すると,

$$\frac{\partial \mathbb{E}[U_j(X_{t+1}^j) \mid \mathcal{F}_t]}{\partial q_t^j} = \mathbb{E}[U_j(X_{t+1}^j) \mid \mathcal{F}_t]\{-\gamma_j(-S_t + Z_t) + \sigma_E^2\gamma_j^2(q_t^j - q_{t+1}^j)\}$$
(5.16)

(5.16) を 0 として (5.15) を最大にする q_t^j を計算すると

$$(q_t^j)^* = \frac{Z_t - S_t}{\sigma_E^2\gamma_j} + (q_{t+1}^j)^*$$
(5.17)

ここで時刻 t から時刻 $t+1$ に向けて証券を購入する (最適) 量を s_t^j とおくと (5.17) から

$$s_t^j := (q_{t+1}^j)^* - (q_t^j)^* = \frac{S_t - Z_t}{\sigma_E^2\gamma_j}$$
(5.18)

となります. したがって

$$\mathbb{E}[S_{t+1} \mid \mathcal{F}_t] = S_t - \sigma_E^2\gamma_j s_t^j$$
(5.19)

となりますが，これは時刻 t でたくさん購入しよう (s_t^j が大きな正の数量) と
すれば時刻 $t+1$ での期待証券価格は安くなり，逆にたくさん売却しよう (s_t^j が
絶対値が大きな負の数量) とすれば高くなると読むことができます．つまり j
の経済行動が市場にインパクトを与えているわけです．さらに証券価格のアッ
プデート情報の分散 σ_E が大きい，あるいはトレーダー j の危険回避度 γ_j が
高いほどこのインパクトが大きくなることもわかります．

5.2　Grossman-Miller モデル

5.1 節と同様のセッティングで，以下のようなシナリオを考えます．

n 人のマーケット・メーカー MM と 2 人の流動化トレーダー $LT1$, $LT2$ が
いるとします．ただしマーケット・メーカーたちは競争的で，結果として同じ
振る舞いをすると仮定します．つまりマーケット・メーカーは全員が等しい危
険回避パラメタ γ_{MM} を持っています．

$$T := 3 \tag{5.20}$$

$$J := \{MM, LT1, LT2\} \tag{5.21}$$

市場参加者 $j \in J$ が時刻 $t \in \mathcal{T}$ に所持している証券の在庫量 q_t^j は以下のとお
りとします．

表 5.1　証券の在庫量 q_t^j

t	MM	$LT1$	$LT2$
0	0	i	$-i$
1	q_1^{MM}	q_1^{LT1}	$-i$
2	q_2^{MM}	q_2^{LT1}	q_2^{LT2}
3	0	0	0

ただし $i \neq 0$. すなわち，時刻 0 では，MM は在庫を持たず，$LT1$ は i 単
位，$LT2$ は $-i$ 単位の在庫を持っています．時刻 1 に $LT1$ が市場にやってき
て価格 S_1 で $i - q_1^{LT1}$ 単位売却します．つぎに時刻 2 に $LT2$ が市場にやって
きて価格 S_2 で $i + q_2^{LT2}$ 単位購入します．時刻 3 には全員がそれぞれの在庫
をすべて価格 S_3 で流動化して 0 とします．すると (5.7) より任意の $t \in \mathcal{T}$ で

5.2 Grossman-Miller モデル

$$nq_t^{MM} + q_t^{LT1} + q_t^{LT1} = \text{一定} = 0^{*3)} \tag{5.22}$$

以下では，(5.17) を使って $t = 2$ から順次 (5.15) を最大にする $(q_t^j)^*$ を求めていきます．

($t = 2$ の場合) 問 5.2 と μ_t がマルチンゲールであることから，

$$Z_2 = \mathbb{E}[S_3 \mid \mathcal{F}_2] = \mathbb{E}[\mu_3 \mid \mathcal{F}_2] = \mu_2 \tag{5.23}$$

ゆえに

$$\eta_3 = S_3 - Z_2 = \varepsilon_3 \sim N(0, \sigma_A^2) \tag{5.24}$$

となって仮定 5.6 を満たします．したがって，$q_3^j = 0$ だから (5.17) より

$$(q_2^j)^* = \frac{Z_2 - S_2}{\sigma_A^2 \gamma_j} \quad (\forall j \in J) \tag{5.25}$$

これを (5.22) に代入すると

$$\frac{Z_2 - S_2}{\sigma_A^2} \left\{ \frac{n}{\gamma_{MM}} + \frac{1}{\gamma_{LT1}} + \frac{1}{\gamma_{LT2}} \right\} = 0 \tag{5.26}$$

ゆえに (5.23) より

$$S_2 = Z_2 = \mu_2 \tag{5.27}$$

つまり S_2 はある意味公正な価格であることがわかります．

さらにこれを (5.25) に代入すると

$$(q_2^j)^* = 0 \quad (\forall j \in J) \tag{5.28}$$

を得ます．

($t = 1$ の場合) (5.27) と μ_t がマルチンゲールであることから，

$$Z_1 = \mathbb{E}[S_2 \mid \mathcal{F}_1] = \mathbb{E}[\mu_2 \mid \mathcal{F}_1] = \mu_1 \tag{5.29}$$

ゆえに

$$\eta_2 = S_2 - Z_1 = \varepsilon_2 \sim N(0, \sigma_A^2) \tag{5.30}$$

---

*3) 市場にある株式の総和が 0 というのは不自然と思う場合は，もう一人，正の在庫を持ってこの期間には取引をしないトレーダーをモデルに追加すればよいでしょう．

となって仮定 5.6 を満たします．したがって，(5.28) と (5.17) より

$$(q_1^j)^* = \frac{Z_1 - S_1}{\sigma_A^2 \gamma_j} \quad (\forall j \in \{MM, LT1\}) \tag{5.31}$$

ここで $q_1^{LT2} = -i$ ですから (5.22) より

$$\frac{1}{\sigma_A^2}\left\{\frac{n}{\gamma_{MM}} + \frac{1}{\gamma_{LT1}}\right\}(Z_1 - S_1) - i = 0$$

したがって (5.29) より

$$S_1 = \mu_1 - \frac{\sigma_A^2}{\frac{n}{\gamma_{MM}} + \frac{1}{\gamma_{LT1}}} i \tag{5.32}$$

特に MM と $LT1$ が同じ危険回避パラメタを持つ，すなわち

$$\gamma_{MM} = \gamma_{LT1} =: \gamma \tag{5.33}$$

と仮定すると

$$S_1 = \mu_1 - \frac{i}{n+1}\sigma_A^2 \gamma \tag{5.34}$$

このように S_1 は公正な価格 μ_1 からずれてしまいます．このずれた分 $-\frac{i}{n+1}\sigma_A^2 \gamma$ を一時的市場インパクト，またその絶対値 $|\frac{i}{n+1}\sigma_A^2 \gamma|$ を流動性割引 (liquidity discount) と呼びます．

また，(5.31) に (5.34) を代入すると

$$(q_1^j)^* = \frac{i}{n+1} \quad (\forall j \in \{MM, LT1\}) \tag{5.35}$$

以上をまとめると価格 S_t と最適在庫量 $(q_t^j)^*$ は表 5.2 のようになります．

表 5.2　S_t と $(q_t^j)^*$

t	S_t	MM	$LT1$	$LT2$
0	μ_0	0	i	$-i$
1	$\mu_1 - \frac{i}{n+1}\sigma_A^2 \gamma$	$\frac{i}{n+1}$	$\frac{i}{n+1}$	$-i$
2	μ_2	0	0	0
3	μ_3	0	0	0

今，$t = 0$ から $t = 1$ にかけての $LT1$ の在庫の変化 (取引量) を s とすると

$$s := (q_1^{LT1})^* - (q_0^{LT1})^* = -\frac{n}{n+1}i \tag{5.36}$$

ここで

$$\lambda := \frac{1}{n}\sigma_A^2\gamma \tag{5.37}$$

とおくと

$$S_1 = \mu_1 + \lambda s \tag{5.38}$$

つまり λ は単位取引量ごとに S_1 がマルチンゲールからずれる量 ＝ 価格インパクトを表しています．そのため，この λ_j を流動性の指標として使うことがあります [*4]．つまり，流動性を高めるには，マーケット・メーカーの人数を増やすか，証券価格のアップデート情報の分散を小さくするか，危険回避度を下げればよいわけです．

問 5.7 (5.33) を仮定しなかった場合の $(q_1^j)^*$ を求めなさい．

5.3　取引コストに関する考察

取引所取引を行う場合，普通は取引ごとに取引所に手数料を支払う必要があります．これを取引コスト (transaction cost) と言います．前節までの議論では，この取引コストを考慮していませんでしたが，本節では，5.2 節と同様のシナリオで売買に取引コストがある場合について考察します．

1 株あたりの取引コストを単価や売買の方向および時刻に無関係に $\eta \geq 0$ とします．すなわち単価が S_t の株を 1 株買う場合には $S_t + \eta$ で購入し，また 1 株得る場合には $S_t - \eta$ で売却します．取引所は売り主買い主の双方から η ずつ手数料を徴収するわけです．以下では 5.2 節のシナリオで $i > 0$ のケースを考えます．今，売買方向を表す変数 d_t^j は，購入のときには $+1$ 売却のときには -1 の値を持つとすると表 5.3 のようになります．そこで

$$S_t^j := S_t + d_t^j\eta \tag{5.39}$$

とおくと

[*4]　流動性の高い銘柄では λ_j は小さくなります．

44　　　　　　　　5. 市場参加者モデル

表 5.3　売買方向 d_t^j

t	MM	$LT1$	$LT2$
1	+1	-1	–
2	-1	-1	+1
3	-1	-1	+1

$$Z_t^j := \mathbb{E}[S_{t+1}^j \mid \mathcal{F}_t] = Z_t + d_{t+1}^j \eta \tag{5.40}$$

したがって，最適在庫量の関係を表す (5.17) は，以下のように書き換えることができます．

$$(q_t^j)^* = \frac{Z_t^j - S_t^j}{\sigma_A^2 \gamma_j} + (q_{t+1}^j)^* = \frac{(Z_t - S_t) + (d_{t+1}^j - d_t^j)\eta}{\sigma_A^2 \gamma_j} + (q_{t+1}^j)^* \tag{5.41}$$

今，$d_{t+1}^j = d_t^j$ ならば (5.41) は (5.17) とまったく同じになることに注意してください．すると表 5.3 のなかで，d_{t+1}^j と d_t^j が異なるのは $j = MM$ かつ $t = 1$ のときだけですが，このときは (5.41) より

$$(q_1^{MM})^* = \frac{\mu_1 - S_1 - 2\eta}{\sigma_A^2 \gamma_{MM}} \tag{5.42}$$

よって (5.7) より

$$i = n(q_1^{MM})^* + (q_1^{LT1})^* = n\frac{\mu_1 - S_1 - 2\eta}{\sigma_A^2 \gamma_{MM}} + \frac{\mu_1 - S_1}{\sigma_A^2 \gamma_{LT1}}$$

ゆえに (5.33) を仮定すると

$$S_1 = \mu_1 - \frac{i}{n+1}\sigma_A^2 \gamma - \frac{2n}{n+1}\eta \tag{5.43}$$

(5.34) と比較すると手数料によって $\frac{2n}{n+1}\eta$ だけ値段が下がっていることがわかります．またこれによって最適在庫量は以下のように計算できます．

$$(q_1^{MM})^* = \frac{\mu_1 - S_1 - 2\eta}{\sigma_A^2 \gamma} = \frac{i}{n+1} - \frac{2}{n+1}\frac{\eta}{\sigma_A^2 \gamma} \tag{5.44}$$

$$(q_1^{LT1})^* = \frac{\mu_1 - S_1}{\sigma_A^2 \gamma} = \frac{i}{n+1} + \frac{2n}{n+1}\frac{\eta}{\sigma_A^2 \gamma} \tag{5.45}$$

ところで，$LT1$ は $t = 1$ で売りたいわけですが，本来であれば 1 株あたり η だけ手数料を支払えばよいはずです．ところが (5.43) によると $\frac{2n}{n+1}\eta$ 支払っているわけで，これは n が大きければほとんど 2η，つまり $LT1$ は自分の分だけでなく，買い手である MM たちの分の手数料もほとんど一人で支払っていることになります．取引を開始しようというトレーダーの手数料負担がいかに大きいかということがこれでわかります．

5.4 指値注文を使ったマーケット・メイク

前節までででは，マーケット・メーカー MM は，自らが妥当と思われる値段で流動化トレーダーが注文を出してきた瞬間に成行注文を出すとしていました．しかし，5.2節のように $LT1$ の売りに向かって買いに行くとき，妥当と思われる値段よりも安い値段で指値注文を出したらどうなるでしょうか？ 本節ではトレーダーが指値注文を使ってマーケット・メイクを行おうとするとき，最適な値段設定はいくらか，という問題を扱います．

成行注文で約定する値段を仲値と考えます．すると問題は板情報のなかで仲値からどれだけ離れたところに指値注文を置くか，ということになります．いくつか仮定を置きます．

仮定 5.8
1) 買い (売り) の成行注文が市場に到達する確率を p_+ (p_-) とします．
2) 市場に到着した買い (売り) の成行注文が仲値から x 円 $(x \geq 0)$ だけ高い (低い) 値段をヒットする確率 $p^+(x)$ $(p^-(x))$ は正のパラメタ κ^+ (κ^-) を持つ以下のような指数分布に従うとします．

$$p^{\pm}(x) := \kappa^{\pm} e^{-\kappa^{\pm} x} \tag{5.46}$$

すると仮定 5.8 のもとで仲値から δ^+ (δ^-) 離れた売り (買い) の指値注文が約定する確率 $P_+(\delta^+)$ $(P_-(\delta^-))$ は以下のようになります．

$$P_{\pm}(\delta^{\pm}) = p_{\pm} \int_{\delta^{\pm}}^{\infty} p^{\pm}(x) dx = p_{\pm} e^{-\kappa^{\pm} \delta^{\pm}} \tag{5.47}$$

今，(仲値 $+ \delta^+$) 円で 1 株の売り注文と (仲値 $- \delta^-$) 円で 1 株の買い注文を置いたときの MM の利益を $\Pi(\delta^+, \delta^-)$ で表すとき，この利益の期待値を最大化するような δ^+ と δ^- を求めることが問題です．

$$\max_{\delta^+, \delta^-} \mathbb{E}[\Pi(\delta^+, \delta^-)] \tag{5.48}$$

ところで

$$\mathbb{E}[\Pi(\delta^+, \delta^-)] = \mathbb{E}\big[\delta^+ \mathbb{1}_{\{x \geq \delta^+\}}\big] + \mathbb{E}\big[\delta^- \mathbb{1}_{\{x \geq \delta^-\}}\big]$$

$$= \int_{\delta^+}^{\infty} \delta^+ p_+ p^+(x) dx + \int_{\delta^-}^{\infty} \delta^- p_- p^-(x) dx$$

$$= p_+ e^{-\kappa^+ \delta^+} \delta^+ + p_- e^{-\kappa^- \delta^-} \delta^-$$

$$= f_+(\delta_+) + f_-(\delta_-) \tag{5.49}$$

ただし

$$f_\pm(x) := p_\pm e^{-\kappa^\pm x} x \tag{5.50}$$

すると

$$\frac{df_\pm}{dx}(x) = (1 - \kappa^\pm x) p_\pm e^{-\kappa^\pm x} \tag{5.51}$$

だから，結局 (5.48) の解 $((\delta^+)^*, (\delta^-)^*)$ は

$$(\delta^\pm)^* = \frac{1}{\kappa^\pm} \tag{5.52}$$

となります.

5.5　インサイダー情報を持ったトレーダーがいる市場

　将来の株価を何からの方法で知った市場参加者＝インサイダーがいたとしましょう. このとき，彼女はどのようにして取引量を決めるでしょうか？ これが本節のテーマです.

　$T = 1$ つまり $\mathcal{T} = \{0, 1\}$，かつ時刻 $t = 0$ でひとつの証券だけが取引できる証券市場を考えます. 証券は S_0 円で取引された後 $S_1 = S_T = \mu + \varepsilon_1$，すなわち

$$S_1 \sim N(\mu, \sigma_A^2) \tag{5.53}$$

の価値を持つようになります. 市場参加者は

MM – たくさんの競争的マーケット・メーカー,

　LT – 値段とは無関係に取引する複数の流動化トレーダー,

　IN – インサイダーと呼ばれる一人の流動化トレーダーで, S_1 の真の値 v を
　　　知っている,

の 3 種類に分けられます. さらに LT たちは全部で Q 株取引しようとします. ただし Q は S_1 と独立な確率変数でその分布は以下のようであるとします.

$$Q \sim N(0, \sigma_Q^2) \quad (\text{ただし } \sigma_Q > 0) \tag{5.54}$$

このとき, 取引値段 S_0 は, つぎのようにして決まります.

1) IN が v を観測する,
2) IN は取引量 $u(v)$ を決める (正ならば購入, 負ならば売却),
3) LT たちによって Q が決まる,
4) MM が注文量 $u(v) + Q$ を観測する,
5) MM が S_0 を決める.

$t = 1$ で IN は $(v - S_0)u(v)$ の利益を得ます. ところで MM はステップ 4 で観測した注文量のみから価格 S_0 を決めるので

$$S_0 = m(u(v) + Q) \tag{5.55}$$

なる関数 $m(y)$ が存在するとしてよいでしょう. つまり IN の利益は

$$(v - m(u(v) + Q))u(v) \tag{5.56}$$

となり, (5.56) の期待値が最大になるように $u(v)$ を決めるのが IN の戦略となります. 言い換えれば

$$u(v) = \operatorname*{argmax}_x \mathbb{E}[(v - m(x + Q))x] \tag{5.57}$$

つぎに (5.57) のなかでも使われている MM が持っている関数 $m(y)$ の形ですが, これは注文量 y が与えられたもとでの S_1 の条件付期待値でしょう. すなわち

$$m(y) = \mathbb{E}[S_1 \mid y] \tag{5.58}$$

以下では $m(u(v) + Q) = \mathbb{E}[S_1 \mid u(v) + Q]$ を求めるのですが, そのためにつぎの仮定を置きます.

仮定 5.9 ある $\lambda > 0$ が存在して任意の y に対して $m(y) = \mu + \lambda y$.

仮定 5.9 と (5.57) および (5.54) より

$$u(v) = \underset{x}{\operatorname{argmax}} \mathbb{E}[(v - m(x + Q))x]$$

$$= \underset{x}{\operatorname{argmax}} \left\{ vx - \mu x - \lambda x^2 - \lambda \mathbb{E}[Q]x \right\}$$

$$= \underset{x}{\operatorname{argmax}} \left\{ (v - \mu)x - \lambda x^2 \right\}$$

すると $\lambda > 0$ ですから

$$u(v) = \frac{v - \mu}{2\lambda} \tag{5.59}$$

これで IN の取引量は決まりました. つぎに, 得られた $u(v)$ の値が仮定 5.9 と矛盾しないことを検証します.

MM がステップ 4 で観測した値は MM から見ると $u(S_1) + Q$ の実現値です. そこで

$$Z := u(S_1) + Q \tag{5.60}$$

とおくと (5.59) より

$$Z = -\frac{\mu}{2\lambda} + \frac{1}{2\lambda} S_1 + Q \tag{5.61}$$

したがって S_1 と Q が独立ですから (5.53) と (5.54) より

$$Z \sim N\left(0, \frac{\sigma_A^2}{4\lambda^2} + \sigma_Q^2\right) \tag{5.62}$$

ここで以下の (証明抜きの) 定理と問を準備します.

定理 5.10 (射影定理)　ふたつの確率変数 X と Y の組 (X, Y) が確率ベクトルとして 2 次元正規分布に従うならば

$$\mathbb{E}[X \mid Y] = \mathbb{E}[X] + \frac{\operatorname{Cov}(X, Y)}{\operatorname{Var}(Y)}(Y - \mathbb{E}[Y])$$

問 5.11　以下を示しなさい.
1) $\mathbb{E}[S_1^2] = \sigma_A^2 + \mu^2$,
2) $\operatorname{Cov}(S_1, Z) = \frac{\sigma_A^2}{2\lambda}$.

5.5 インサイダー情報を持ったトレーダーがいる市場   49

すると (5.53), (5.62), それと (5.61) と定理 5.10 および問 5.11 より

$$
\begin{aligned}
m(Z) &= \mathbb{E}[S_1 \mid Z] \\
&= \mathbb{E}[S_1] + \frac{\mathrm{Cov}(S_1, Z)}{\mathrm{Var}(Z)}(Z - \mathbb{E}[Z]) \\
&= \mu + \frac{2\sigma_A^2}{\sigma_A^2 + 4\lambda^2\sigma_Q^2}\lambda Z
\end{aligned}
\tag{5.63}
$$

(5.63) は仮定 5.9 の式と同じ形をしているので，これと矛盾しません．さらにふたつの式を比較すると

$$
\frac{2\sigma_A^2}{\sigma_A^2 + 4\lambda^2\sigma_Q^2} = 1
\tag{5.64}
$$

でなくてはいけません．したがって，

$$
\lambda = \frac{\sigma_A}{2\sigma_Q}
\tag{5.65}
$$

すなわち (5.59) より IN の取引量は

$$
u(v) = \frac{\sigma_Q}{\sigma_A}(v - \mu)
\tag{5.66}
$$

となります．

6

超短期アルファと板情報力学

　利益の源泉であるアルファは，トレーディングの要になる情報です．このアルファの探索手法は，時間地平によって大きく変わることは，2.7 節で述べたとおりです．たとえば時間地平が 1 分以下などの高頻度取引のアルファをシステマティックに探すには，板情報から探す，あるいは Twitter のような極めて拡散が速いテキスト情報から探す，というような方法が考えられます．

　本章の前半では，このうち板情報からアルファを探す一般的な手法についてみていきます．

　板情報の各板は，新しく到着する指値注文，約定または取消により一部または全部が取り除かれるという微細な動きが積み重なることによって刻一刻と変化します．本章の後半では，Cont らが提唱した手法を使い，このような動きをする各板を待ち行列として捉え，そのダイナミクスを考察します[6]．特に指値注文や成行注文の到着時刻が，適当な連続時間計数過程と仮定することによって，つぎの価格変動の方向を予測するのに用いる確率を，板情報のパターンのもとでの条件付確率として計算する手法を解説します．

6.1　板情報を利用した説明変数

　最初に，図 6.1 のようなスナップショットに基づいた確率変数を導入します[*1]：

[*1]　図 6.1 は図 4.1 の再録です．

6.1 板情報を利用した説明変数

```
09:00:08.280
       100( 1)  1006
       300( 2)  1005
      1500( 2)  1004
       400( 1)  1003
       200( 1)  1002
       500( 2)  1001
      1000( 1)  1000
                 999
                 998  1500( 4)
                 997   400( 1)
                 996   700( 2)
                 995   900( 3)
                 994  1000( 1)
```

図 **6.1** ザラバ中の板情報

定義 **6.1** (板情報の要素)

1) 仲値: P_i
2) 提供側: $\{P_{i,\ell}^a, s_{i,\ell}^a\}_\ell$ ただし $P_i < P_{i,1}^a < P_{i,2}^a < \cdots$
3) 入札側: $\{P_{i,\ell}^b, s_{i,\ell}^b\}_\ell$ ただし $P_i > P_{i,1}^b > P_{i,2}^b > \cdots$

たとえば図 6.1 では,

$$P_i = 999,\ P_{i,1}^a = 1000,\ s_{i,1}^a = 1000,\ P_{i,2}^b = 997,\ s_{i,2}^b = 400,\ \ldots$$

となります.

このとき, つぎのような説明変数 x_i を考えます.

$$x_i := \frac{\sum_\ell s_{i,\ell}^b e^{-\lambda_i(P_i - P_{i,\ell}^b)}}{\sum_\ell s_{i,\ell}^a e^{-\lambda_i(P_{i,\ell}^a - P_i)}} \tag{6.1}$$

(6.1) では分母は提供側の, 分子は入札側のある種の圧力を表しています. それぞれ単純な株数の和ではなく, 株数を仲値からの距離に応じて減衰させたものの和としています. ここで λ_i は減衰パラメタで適当な正数です.

x_i は説明変数のひとつの例ですが, これ以外にも多重線形性に注意しながら他の説明変数を探し, 全部で 5 個 [*2)] 程度の説明変数を用意します.

多くの場合, パラメタの妥当性を検査するシミュレーションに時間がかかっ

[*2)] 筆者の経験から得た数で, 科学的根拠はありません.

てしまいます．このため，パラメタの候補が多くなると，それだけ計算時間がかかることになり，実用的な時間で探すためには候補の数を減らさなくてはなりません．

たとえば，1日分の過去データを使ったシミュレーションに1時間かかるような大きなプログラムの場合，5種類の候補のなかから選ぶために過去100日分のデータを使うならば，500時間，つまり1台のマシンだと24時間回し続けて20日以上かかってしまうわけです．パラメタが複数個あった場合 (通常はそうなります)，その組み合わせを考えると天文学的な時間を要するようになってしまいます．

これを解決するには，シミュレータを改良するか高速なマシンを調達するか複数台のマシンを並行に走らせる，または6.3節で述べる板情報理論モデルを開発するという方法が挙げられます．あるいは，機械学習のひとつ強化学習を使って探索するとうまくいくかもしれません．

このようにしてパラメタ λ_i が一旦決まったなら，少なくとも1ヶ月は動かしてはいけません[3]．たとえ最初のうちはよいパフォーマンスが出なかったとしても，アルファも戦略も科学的に考え抜いたものである，という信念をよりどころにして，じっと耐えるのです．統計的に意味のある結果は，短い期間の取引では出てこないことがしばしばあるのですから．

6.2　モーメンタムを考慮した説明変数

6.1節で紹介したような説明変数は，時間を止めてスナップショットをとった，いわゆるクロス・セクショナルなものです．アルファを表現する説明変数としては，時間軸に沿った情報を使ったものも有効になるでしょう．

今，クロス・セクショナルな説明変数 $x_{i,t}$ が与えられたとします．このとき，減衰率 μ_i を使って

$$y_{i,t} := \int_0^t e^{-\mu_i(t-s)} x_{i,s} ds \tag{6.2}$$

---

[3]　筆者の経験に基づいた期間で，科学的な根拠はありません．

と定義します. ここで時間を $0 = t_0 < t_1 < \cdots < t_n < t_{n+1} < \cdots$ と離散化すると,

$$y_{i,t_n} = \sum_{k=1}^{n} e^{-\mu_i(t_n - t_k)} x_{i,t_k}(t_k - t_{k-1}) \tag{6.3}$$

したがって,

$$y_{i,t_{n+1}} = e^{-\mu_i(t_{n+1} - t_n)} y_{i,t_n} + x_{i,t_{n+1}}(t_{n+1} - t_n) \tag{6.4}$$

となります. つまり, 時刻が進むごとに毎回総和を計算し直すのではなく, 直前の値 y_{i,t_n} から $y_{i,t_{n+1}}$ を再帰的に計算できます. このように計算コストを下げることは, 高頻度取引のように時間軸が細かく離散化されている場合には, 非常に重要です.

たとえば (6.2) が, つぎのように過去 h 単位時間の総和のように定義されていたら

$$z_{i,t} := \int_{t-h}^{t} x_{i,s} ds \tag{6.5}$$

離散化しても再帰的に計算はできず, 毎回総和を計算し直すか, 過去 h 単位時間分の $x_{i,s}$ をどこかに覚えておく必要があるでしょう.

ところで, このようにして新たに定義した説明変数 $y_{i,t}$ を計算するためには, 各 $x_{i,t}$ が持っていたパラメタに加えて, μ_i も決定しなくてはなりません. このため, 6.1 節で議論したパラメタ推定に要する計算コストは, さらに増大することになります.

6.3 板情報理論モデル

前節までにみてきた説明変数は, 全体としての板構造の変化に着目していて, 個々の注文の動きから板が成り立っているという事実を使っているとはいえないものでした.

これに対して, 板を構成している個々の注文の動きに着目し, それを持って板の変化を説明するモデルを, 板情報理論モデルと呼ぶことにします.

板情報理論モデルは, 比較的単純なひとつひとつの注文の動きの集合体とし

て複雑な板の動きを説明しようというもので，アルファを構成する説明変数は，過去データに直接キャリブレートするのではなく，板情報理論モデルに対してキャリブレートさせていきます．

このことから，前節までに問題視していた説明変数 (これをアルファ・モデルと呼びましょう) のパラメタ特定問題に光明をもたらすことができるかもしれません．以下に，従来のシミュレーション方法の問題点と，板情報理論モデルを使った場合に期待できる点を列挙します．

- 従来のシミュレーション方法
  - 過去データ (historical data) に対して，直接アルファ・モデルをキャリブレートしていく．
  - 過去データは大きく，アルファ・モデルのパラメタ数は多いので，大量の時間がかかる．
  - あるいは，十分な種類のパラメタ値を試せない．
- 板情報理論モデルを使ったシミュレーション方法
  - 過去データに対して，板情報理論モデルをキャリブレートしていく．
  - 過去データは大きいが，パラメタ数は比較的少ないので，モデルさえ良ければよい近似が得られる．
  - 板情報理論モデルに対して，アルファ・モデルをキャリブレートしていく．
  - もし解析的手法が使えるならば，板情報理論モデルに対するシュミレーションは高速に行えるので，パラメタ数が多いアルファ・モデルも十分な種類のパラメタ値で試せる．
  - 過去データで直接キャリブレートすることに対する不安定性を緩和できる．

6.4 ラプラス変換

本節からは，板情報理論モデルのひとつとして，Cont らが提唱した待ち行列理論を使った板のダイナミクス理論を解説します[6]．このモデルの目標は，つぎの価格変動の方向の予測に用いる確率などを，板情報のパターンのもとでの

6.4 ラプラス変換 55

条件付確率として計算することです.

この計算には, ラプラス変換と出生死滅過程というあまり耳慣れないかもしれない道具を使います. そこで本題に入る前に, 本節と次節でこれらふたつの道具の基礎を復習することにします.

定義 6.2 (ラプラス変換) 関数 $f : \mathbb{R} \to \mathbb{R}$ のラプラス変換 (Laplace transform) とは以下で定まる関数 $\hat{f} : \mathbb{C} \to \mathbb{C}$ です [*4].

$$\hat{f}(s) := \int_{-\infty}^{\infty} e^{-st} f(t) dt \tag{6.6}$$

$\hat{f}$ を $\mathcal{L}\{f(t)\}$ と書きます.

定理 6.3 $f : \mathbb{R} \to \mathbb{R}$, $g : \mathbb{R} \to \mathbb{R}$, $a, b \in \mathbb{R}$ とし, f と g はそれぞれラプラス変換を持つとします. また X を確率密度関数 f_X を持つ確率変数とするならば, 以下が成り立ちます.

1) $\mathcal{L}\{af(t) + bg(t)\} = a\mathcal{L}\{f(t)\} + b\mathcal{L}\{g(t)\}$.
2) $\mathcal{L}\{(f * g)(t)\} = \mathcal{L}\{f(t)\}\mathcal{L}\{g(t)\}$.
3) $\mathcal{L}\{f(-t)\}(s) = \mathcal{L}\{f(t)\}(-s)$, [*5] 特に $\mathcal{L}\{f_{-X}(t)\}(s) = \mathcal{L}\{f_X(t)\}(-s)$.
4) $\mathcal{L}\{f_X(t)\}(s) = \mathbb{E}[e^{-sX}]$.
5) $\mathcal{L}\{F_X(t)\}(s) = \frac{1}{s}\mathcal{L}\{f_X(t)\}(s)$. (ただし $s \neq 0$ のとき)
6) $X \sim \mathrm{Exp}(\lambda)$ ならば $(\mathcal{L}\{f_X(t)\})(s) = \frac{\lambda}{\lambda + s}$.
7) $X \sim N(\mu, \sigma^2)$ ならば $(\mathcal{L}\{f_X(t)\})(s) = e^{\frac{\sigma^2 s^2}{2} - \mu s}$.

Proof. 1) 積分の線形性から自明です.

2) 途中 $w := t - u$ と置換すると

[*4] 通常は (6.6) で表される変換は**両側ラプラス変換** (two-sided Laplace transform) と呼ばれ, いわゆるラプラス変換は $\hat{f}(s) := \int_0^{\infty} e^{-st} f(t) dt$ のように積分範囲を非負の領域に制限したものを指します. これは e^{-st} の部分が t を $-\infty$ に飛ばすときに発散することに起因する数学的問題があるからです. しかし本書では, このような問題には立ち入らず, 両側ラプラス変換をラプラス変換と呼んで, これだけを用いることにします.

[*5] 通常の (片側) ラプラス変換の場合はこの等式は成り立ちません.

$$\mathcal{L}\{(f * g)(t)\}(s) = \int_{-\infty}^{\infty} dt\, e^{-st} \int_{-\infty}^{\infty} du\, f(u)g(t - u)$$

$$= \int_{-\infty}^{\infty} du \int_{-\infty}^{\infty} dt\, e^{-st} f(u)g(t - u)$$

$$= \int_{-\infty}^{\infty} du \int_{-\infty}^{\infty} dw\, e^{-s(u+w)} f(u)g(w)$$

$$= \int_{-\infty}^{\infty} du\, e^{-su} f(u) \int_{-\infty}^{\infty} dw\, e^{-sw} g(w)$$

$$= \mathcal{L}\{f(t)\}(s)\mathcal{L}\{g(t)\}(s)$$

3-7) 読者に任せます.

$\square$

問 6.4 定理 6.3 の 1) および 3-7) を証明しなさい.

命題 6.5 X_k $(k = 1, 2, \ldots, n)$ を確率密度関数 f_{X_k} を持つ互いに独立な確率変数とします. このとき以下が成り立ちます.

$$\mathcal{L}\{f_{\sum_{k=1}^{n} X_k}(t)\}(s) = \prod_{k=1}^{n} \mathcal{L}\{f_{X_k}(t)\}(s) \tag{6.7}$$

Proof. 問 A.28 の 2) および定理 6.3 の 2) より明らかです. $\square$

命題 6.6 X を確率密度関数 f_X を持ち $\mathbb{P}(X \leq 0) = 0$ な確率変数, また Z を X と独立な確率変数で $Z \sim \mathrm{Exp}(\lambda)$ とします. すると

$$\hat{f}_{X \wedge Z}(s) = \left(1 - \frac{\lambda}{s + \lambda}\right)\hat{f}_X(s + \lambda) + \frac{\lambda}{s + \lambda} \tag{6.8}$$

ただし $\hat{f}_{X \wedge Z} := \mathcal{L}\{f_{X \wedge Z}(t)\}$, $\hat{f}_X := \mathcal{L}\{f_X(t)\}$.

Proof.

$$\mathbb{P}(X \wedge Z \leq t) = 1 + (\mathbb{P}(X \leq t) - 1)e^{-\lambda t}$$

だから, 両辺を t で微分して

$$f_{X \wedge Z}(t) = f_X(t)e^{-\lambda t} - \lambda(F_X(t) - 1)e^{-\lambda t}$$

これにラプラス変換を施すと $t < 0$ ではどちらの確率変数も 0 なので

$$
\begin{aligned}
\hat{f}_{X \wedge Z}(s) &= \int_0^\infty e^{-st}\{f_X(t)e^{-\lambda t} - \lambda(F_X(t) - 1)e^{-\lambda t}\}dt \\
&= \int_0^\infty e^{-(s+\lambda)t}f_X(t)dt - \lambda \int_0^\infty e^{-(s+\lambda)t}(F_X(t) - 1)dt \\
&= \hat{f}_X(s + \lambda) - \lambda\left\{\left[\frac{-1}{s+\lambda}e^{-(s+\lambda)t}(F_X(t) - 1)\right]_0^\infty \right. \\
&\qquad \left. - \frac{-1}{s+\lambda}\int_0^\infty e^{-(s+\lambda)t}f_X(t)dt\right\} \\
&= \hat{f}_X(s + \lambda) - \lambda\left\{-\frac{1}{s+\lambda} + \frac{1}{s+\lambda}\hat{f}_X(s + \lambda)\right\} \\
&= \left(1 - \frac{\lambda}{s+\lambda}\right)\hat{f}_X(s + \lambda) + \frac{\lambda}{s+\lambda}
\end{aligned}
$$

$\square$

関数 $f : \mathbb{R} \to \mathbb{R}$ がラプラス変換 $\hat{f} := \mathcal{L}\{f(t)\}$ を持つとします. e^{-st} を $t = 0$ の近傍で Taylor 展開すると

$$\hat{f}(s) = \sum_{n=0}^\infty \frac{(-s)^n}{n!} \int_{-\infty}^\infty t^n f(t)dt \tag{6.9}$$

今, 関数 $\hat{f}$ は 0 の近傍で解析的であるとします. そこで $m_n := \int_{-\infty}^\infty t^n f(t)dt$ とおいてから $\hat{f}(s)$ を s で k 回微分すると

$$\hat{f}^{(k)}(s) = (-1)^k \sum_{n=0}^\infty m_{n+k} \frac{(-s)^n}{n!} \tag{6.10}$$

(6.10) で $s := 0$ とすると $m_k = (-1)^k \hat{f}^{(k)}(0)$ を得られるので, これを (6.9) に代入して以下を得ます.

$$\hat{f}(s) = \sum_{n=0}^\infty \frac{s^n}{n!} \hat{f}^{(k)}(0) \tag{6.11}$$

特に f が確率変数 X の確率密度関数ならば, m_n は X の n 次モーメントに他ならないので以下の関係が得られます.

$$\mathbb{E}[X^n] = (-1)^n \frac{d^n}{ds^n}\mathcal{L}\{f_X(t)\}(0) \tag{6.12}$$

定理 6.7 (Bromwich 積分) 関数 $f : \mathbb{R} \to \mathbb{R}$ がラプラス変換 $\hat{f} := \mathcal{L}\{f(t)\}$ を持つとします．すると実数値 $c \in \mathbb{R}$ が存在して $\int_{-\infty}^{\infty} |\hat{f}(c+i\omega)|d\omega < \infty$ であり，さらに $f(t)$ が t で連続ならば，以下の等式が成り立ちます．

$$f(t) = \lim_{p \to \infty} \frac{1}{2\pi i} \int_{c-ip}^{c+ip} e^{ts} \hat{f}(s) ds \tag{6.13}$$

定義 6.8 (逆ラプラス変換) (6.13) の右辺の関数を逆ラプラス変換 (inverse Laplace transform) と呼び $\mathcal{L}^{-1}\{\hat{f}(s)\}$ と書きます．すなわち

$$\mathcal{L}^{-1}\{\hat{f}(s)\}(t) := \lim_{p \to \infty} \frac{1}{2\pi i} \int_{c-ip}^{c+ip} e^{ts} \hat{f}(s) ds \tag{6.14}$$

(6.13) より，$\mathcal{L}$ と $\mathcal{L}^{-1}$ は逆対応になっています．

$$f(t) \underset{\mathcal{L}^{-1}}{\overset{\mathcal{L}}{\rightleftarrows}} \hat{f}(s)$$

本書でのラプラス変換の用途としては，求めたい確率に対して，何らかの方法でその確率密度関数のラプラス変換を計算し，しかる後にこれに逆ラプラス変換を適用して解を得る，ということを考えます．なお，逆ラプラス変換はたとえば De Hoog らや Craig のような数値計算法を用い，コンピュータを使って行います[9)8)].

6.5　出生死滅過程

出生率 (birth rate) を λ_i ($i = 0, 1, 2, \ldots$), 死滅率 (death rate) を μ_i ($i = 1, 2, 3, \ldots$) として，以下の図のように状態 (state) が遷移していく確率過程 $X = \{X_t\}_{t \in [0, \infty)}$ を出生死滅過程 (birth-death process) と言います．

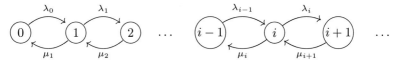

今，確率変数 B_i ($i = 0, 1, \ldots$) (出生時刻) と D_i ($i = 1, 2, \ldots$) (死滅時刻) がそれぞれ独立で強度 λ_i と μ_i の指数分布に従うとします．

$$B_i \sim \text{Exp}(\lambda_i), \quad D_i \sim \text{Exp}(\mu_i) \tag{6.15}$$

さらに $\tau_i := B_i \wedge D_i$ とすると，$i \geq 1$ に対して $X_t = i$ ならば

$$X_{t+\tau_i} = \begin{cases} i+1 & (B_i < D_i \text{ のとき}) \\ i-1 & (D_i < B_i \text{ のとき}) \end{cases} \tag{6.16}$$

また

$$\mathbb{P}(B_i < D_i) = \frac{\lambda_i}{\lambda_i + \mu_i}, \quad \mathbb{P}(D_i < B_i) = \frac{\mu_i}{\lambda_i + \mu_i} \tag{6.17}$$

となります．一方，任意の $t \geq 0$, $i = 1, 2, \dots$ に対して τ_i 自身は問 A.30 より

$$\tau_i \sim \text{Exp}(\lambda_i + \mu_i) \tag{6.18}$$

つまり強度 $\lambda_i + \mu_i$ の指数分布に従います．

今，$i > 0$ に対して時刻 t で $X_t = i$ とします．このとき X_t の値が 1 だけ減ずるのに要する時間 ξ_i は，以下のように t に依存しない値となります．

$$\xi_i := \inf\{h > 0 \mid X_{t+h} = i-1, X_t = i\} \tag{6.19}$$

本節の残りでは，ξ_i の確率密度関数を求める方法について考察します．

定義 6.9 (連分数) ふたつの実数列 a_n, b_n $(n = 1, 2, 3, \dots)$ が与えられているとします．このとき関数 $\phi_{k=1}^n \frac{a_k}{b_k} : \mathbb{R} \to \mathbb{R}$ を以下のように定めます．

$$\left(\phi_{k=1}^n \frac{a_k}{b_k}\right)(x) := \begin{cases} \frac{a_1}{b_1 + x} & (n = 1 \text{ のとき}) \\ \left(\phi_{k=1}^{n-1} \frac{a_k}{b_k}\right)\left(\frac{a_n}{b_n + x}\right) & (n > 1 \text{ のとき}) \end{cases} \tag{6.20}$$

a_n, b_n $(n = 1, 2, \dots)$ の**連分数** (continued fraction) とは，(もし存在すれば) 以下で決まる数です．

$$\Phi_{k=1}^\infty \frac{a_k}{b_k} := \lim_{n \to \infty} \left(\phi_{k=1}^n \frac{a_k}{b_k}\right)(0) \tag{6.21}$$

つまり

$$\Phi_{k=1}^\infty \frac{a_k}{b_k} = \cfrac{a_1}{b_1 + \cfrac{a_2}{b_2 + \cfrac{a_3}{b_3 + \cfrac{a_4}{b_4 + \dots}}}}$$

この形から，以下の命題は自明でしょう．

命題 6.10 ふたつの数列 a_n, b_n $(n = 1, 2, \ldots)$ に対して，新たな数列 x_n $(n = 1, 2, \ldots)$ を

$$x_n := \Phi_{k=n}^{\infty} \frac{a_k}{b_k} \tag{6.22}$$

と定義すると，各 x_n は方程式

$$x_n = \frac{a_n}{b_n + x_{n+1}} \tag{6.23}$$

の解になります.

定理 6.11 (Abate-Whitt[1])　(6.19) で定義した確率変数 ξ_i $(i = 1, 2, \ldots)$ の確率密度関数のラプラス変換 $\hat{f}_{\xi_i}(s)$ は以下のように表現できます.

$$\hat{f}_{\xi_i}(s) := \mathcal{L}\{f_{\xi_i}(t)\}(s) = -\frac{1}{\lambda_{i-1}} \Phi_{k=i}^{\infty} \frac{-\lambda_{k-1}\mu_k}{\lambda_k + \mu_k + s} \tag{6.24}$$

Proof. 確率変数 ξ_i の累積分布関数は以下を満たします.

$$\mathbb{P}(\xi_i \le t) = \mathbb{P}(D_i < B_i)\mathbb{P}(\tau_i \le t) + \mathbb{P}(B_i < D_i)\mathbb{P}(\tau_i + \xi_{i+1} + \xi_i \le t)$$

したがって問 A.28 の 2 と (6.17) より

$$
\begin{aligned}
f_{\xi_i}(t) &= \mathbb{P}(D_i < B_i)f_{\tau_i}(t) + \mathbb{P}(B_i < D_i)(f_{\tau_i} * f_{\xi_{i+1}} * f_{\xi_i})(t) \\
&= \frac{\mu_i}{\lambda_i + \mu_i}f_{\tau_i}(t) + \frac{\lambda_i}{\lambda_i + \mu_i}(f_{\tau_i} * f_{\xi_{i+1}} * f_{\xi_i})(t)
\end{aligned} \tag{6.25}
$$

定理 6.3 の 1), 2), 6) および (6.18) に注意して (6.25) の両辺にラプラス変換を施すと

$$
\begin{aligned}
\hat{f}_{\xi_i}(s) &= \frac{\mu_i}{\lambda_i + \mu_i}\hat{f}_{\tau_i}(s) + \frac{\lambda_i}{\lambda_i + \mu_i}\hat{f}_{\tau_i}(s)\hat{f}_{\xi_{i+1}}(s)\hat{f}_{\xi_i}(s) \\
&= \frac{\mu_i}{\lambda_i + \mu_i + s} + \frac{\lambda_i}{\lambda_i + \mu_i + s}\hat{f}_{\xi_{i+1}}(s)\hat{f}_{\xi_i}(s)
\end{aligned}
$$

これを整理して両辺に $-\lambda_{i-1}$ を乗じると

$$-\lambda_{i-1}\hat{f}_{\xi_i}(s) = \frac{-\lambda_{i-1}\mu_i}{\lambda_i + \mu_i + s - \lambda_i\hat{f}_{\xi_{i+1}}(s)}$$

したがって命題 6.10 より

$$-\lambda_{i-1}\hat{f}_{\xi_i}(s) = \Phi_{k=i}^{\infty} \frac{-\lambda_{k-1}\mu_k}{\lambda_k + \mu_k + s}$$

よって題意は示されました. □

系 6.12 $i > 0$ に対して $X_t = i$ の状態から 0 をヒットするまでの時間を σ_i とします. すなわち

$$\sigma_i := \inf\{h > 0 \mid X_{t+h} = 0,\, X_t = i\} \tag{6.26}$$

すると以下が成り立ちます.

$$\hat{f}_{\sigma_i}(s) := \mathcal{L}\{f_{\sigma_i}(t)\}(s) = \prod_{j=1}^{i}\left(\frac{-1}{\lambda_{j-1}}\right)\Phi_{k=j}^{\infty}\frac{-\lambda_{k-1}\mu_k}{\lambda_k + \mu_k + s} \tag{6.27}$$

Proof. $\sigma_i = \sum_{j=1}^{i}\xi_j$ かつ ξ_j は互いに独立だから, 定理 6.11 と命題 6.5 より明らかです. □

6.6 板 情 報 過 程

時々刻々と変化する板情報の変化する様を表現する板情報過程は, 指数分布を持ったいくつかの確率変数によって駆動されるマルコフ過程[*6] と捉えることができます. 本節では, この板情報過程の数学的な定式化を与えます.

定義 6.13 (状態空間)

1) 自然数 $n \in \mathbb{N}$ に対して

$$\overline{n} := \{0, 1, 2, \ldots, n-1\} \tag{6.28}$$

2) 板情報を表現するための状態空間として $\mathbb{Z}^{\overline{n}}$ を採用します. ただし $\mathbb{Z}$ は整数全体の集合で, $\mathbb{Z}^{\overline{n}}$ は離散位相とそれから生成されるボレル集合族を伴っているとします. また $\mathbb{Z}$-加群 $\mathbb{Z}^{\overline{n}}$ の基底として $k \in \overline{n}$ に対して

$$\mathbf{e}_k := \begin{bmatrix} 0 \\ \vdots \\ 1 \\ \vdots \\ 0 \end{bmatrix} \quad (k\text{ 番目のみ } 1 \text{ の列ベクトル}) \tag{6.29}$$

[*6] 未来の挙動が現在の値だけで決定され, 過去の挙動に依存しないような確率過程をマルコフ過程 (Markov process) と言います.

とします.

3) 価格格子 (price grid) あるいはティックス (ticks) とは $v(-1) = 0$ を満たす狭義の単調増加関数

$$v : \{-1\} \cup \overline{n+1} \to \mathbb{R}_+ \tag{6.30}$$

を指します.

本章では,状態空間 $\mathbb{Z}^{\overline{n}}$ と価格格子 v を固定します.板情報

$$\mathbf{x} = \begin{bmatrix} x_{n-1} \\ x_{n-2} \\ \vdots \\ x_0 \end{bmatrix} \in \mathbb{Z}^{\overline{n}} \tag{6.31}$$

は $k \in \overline{n}$ に対して,$x_k < 0$ ならば $-x_k$ の $v(k)$ 円での買い注文,また $x_k > 0$ ならば X_k の $v(k)$ 円での売り注文が記載されていることを示しています.なお,(6.31) の添字が降順になっていますが,これは価格の低い方向から高い方に添字が増加するようにしているためです.

定義 6.14 (許容的板情報) $\mathbf{x} \in \mathbb{Z}^{\overline{n}}$, $i \in \overline{n}$ とするとき,以下のように $\mathbb{Z}^{\overline{n}} \to \mathbb{Z}$ な関数を定義します.

1) $k^A(\mathbf{x}) := \inf\{k \in \overline{n} \mid x_k > 0\} \wedge n$.
2) $k^B(\mathbf{x}) := \sup\{k \in \overline{n} \mid x_k < 0\} \vee (-1)$.
3) $k^S(\mathbf{x}) := k^A(\mathbf{x}) - k^B(\mathbf{x})$.
4) $\mathcal{A} := \{\mathbf{x} \in \mathbb{Z}^{\overline{n}} \mid k^S(\mathbf{x}) > 0\}$. $\mathcal{A}$ の元を許容的 (admissible) と呼びます.
5) $i^A(k, \mathbf{x}) := k - k^B(\mathbf{x})$.
6) $i^B(k, \mathbf{x}) := k^A(\mathbf{x}) - k$.

定義 6.15 (最良気配値,仲値,スプレッド) $\mathbf{x} \in \mathcal{A}$ のとき,いずれも $\mathbb{Z}^{\overline{n}} \to \mathbb{R}$ となる以下のような関数を定義します.

1) $p^A(\mathbf{x}) := v(k^A(\mathbf{x}))$.
2) $p^B(\mathbf{x}) := v(k^B(\mathbf{x}))$.

3) $p^M(\mathbf{x}) := \frac{1}{2}(p^A(\mathbf{x}) + p^B(\mathbf{x}))$.

4) $p^S(\mathbf{x}) := p^A(\mathbf{x}) - p^B(\mathbf{x})$.

定義 6.16 (マイクロ価格 (micro price)) $\mathbf{x} \in \mathcal{A}$ で $k^A(\mathbf{x}) \in \overline{n}$ かつ $k^B(\mathbf{x}) \in \overline{n}$ のとき，以下のように $\mathbb{Z}^{\overline{n}} \to \mathbb{Z}$ または $\mathbb{Z}^{\overline{n}} \to \mathbb{R}$ な関数を定義します．

1) $s^A(\mathbf{x}) := x_{k^A(\mathbf{x})}$.

2) $s^B(\mathbf{x}) := -x_{k^B(\mathbf{x})}$.

3) $p^m(\mathbf{x}) := \big(p^A(\mathbf{x})s^B(\mathbf{x}) + p^B(\mathbf{x})s^A(\mathbf{x})\big)/\big(s^B(\mathbf{x}) + s^A(\mathbf{x})\big)$.

つぎに状態空間上の演算子を考えます．以下のそれぞれの演算子は，指値注文，成行注文，注文取消によって板情報が変化する様を表現しています．

定義 6.17 (板情報演算子) $k \in \overline{n}$, $\mathbf{x} \in \mathcal{A}$ のとき，以下の 1 単位の指値注文, 成行注文，および注文取消に相当する演算子 $L_k^A, L_k^B, M^A, M^B, C_k^A, C_k^B : \mathcal{A} \to \mathbb{Z}^{\overline{n}}$ を定義します．

1) $L_k^A(\mathbf{x}) := \begin{cases} \mathbf{x} + \mathbf{e}_k & (k > k^B(\mathbf{x}) \text{ のとき}) \\ \mathbf{x} + \mathbf{e}_{k^B(\mathbf{x})} & (k \leq k^B(\mathbf{x}) \text{ のとき})(\text{約定あり}) \end{cases}$

2) $L_k^B(\mathbf{x}) := \begin{cases} \mathbf{x} - \mathbf{e}_k & (k < k^A(\mathbf{x}) \text{ のとき}) \\ \mathbf{x} - \mathbf{e}_{k^A(\mathbf{x})} & (k \geq k^A(\mathbf{x}) \text{ のとき})(\text{約定あり}) \end{cases}$

3) $M^A(\mathbf{x}) := \begin{cases} \mathbf{x} + \mathbf{e}_{k^B(\mathbf{x})} & (k^B(\mathbf{x}) \geq 0 \text{ のとき})(\text{約定あり}) \\ \mathbf{x} & (k^B(\mathbf{x}) = -1 \text{ のとき}) \end{cases}$

4) $M^B(\mathbf{x}) := \begin{cases} \mathbf{x} - \mathbf{e}_{k^A(\mathbf{x})} & (k^A(\mathbf{x}) < n \text{ のとき})(\text{約定あり}) \\ \mathbf{x} & (k^A(\mathbf{x}) = n \text{ のとき}) \end{cases}$

5) $C_k^A(\mathbf{x}) := \begin{cases} \mathbf{x} - \mathbf{e}_k & (\mathbf{x}(k) \geq 0 \text{ のとき}) \\ \mathbf{x} & (\mathbf{x}(k) < 0 \text{ のとき}) \end{cases}$

6) $C_k^B(\mathbf{x}) := \begin{cases} \mathbf{x} + \mathbf{e}_k & (\mathbf{x}(k) \le 0 \text{ のとき}) \\ \mathbf{x} & (\mathbf{x}(k) > 0 \text{ のとき}) \end{cases}$

命題 6.18 $\mathbf{x} \in \mathcal{A}$ ならば $L_k^A(\mathbf{x})$, $L_k^B(\mathbf{x})$, $M^A(\mathbf{x})$, $M^B(\mathbf{x})$, $C_k^A(\mathbf{x})$ および $C_k^B(\mathbf{x})$ はすべて $\mathcal{A}$ の元です.

問 6.19 命題 6.18 を証明しなさい.

　板情報の確率的時間変化をモデル化するために，定義 6.13 で定義する状態空間を値域とする確率過程を考えます．時間ドメインは連続で以下で定めます．

$$\mathcal{T} := [0, T] \tag{6.32}$$

期間 $\mathcal{T}$ で板情報に現れる価格は，価格格子 v の値域にすべて含まれているとします.

定義 6.20 (板情報過程)　板情報過程 (LOB process)$\mathbf{X} := \{\mathbf{X}_t\}_{t \in \mathcal{T}}$ とは，$\mathbb{Z}^{\overline{n}}$ に値をとる $\mathbb{F}$-適合な確率過程です.

$$\mathbf{X}_t = \begin{bmatrix} X_{n-1,t} \\ \vdots \\ X_{0,t} \end{bmatrix} : \Omega \to \mathbb{Z}^{\overline{n}} \tag{6.33}$$

　板情報過程は，定義 6.17 の板情報演算子が確率的に適用されることで変化していきます．各板情報演算子が適用されるタイミングはいくつかの指数分布に従う確率変数によって決まります．このため，こうして定式化された板情報過程は出生死滅過程を一般化した構造を持ちます.

定義 6.21 (指数分布に従う各種確率変数)　指値注文時刻，成行注文時刻，および注文取消時刻を表す独立な確率変数 L_i $(i = 1, 2, \ldots, n-1)$, M および $C_{i,x}$ $(i = 1, 2, \ldots, n-1, x \in \mathbb{Z})$ は，以下の分布に従います.

$$L_i \sim \mathrm{Exp}(\lambda(i)), \quad M \sim \mathrm{Exp}(\mu), \quad C_{i,x} \sim \mathrm{Exp}(|x|\theta(i)) \qquad (6.34)$$

ここで i は板情報の要素番号 k に依存して決まる番号で，売指値注文あるいは売注文取消であれば $i := i^A(k, \mathbf{x})$，また買指値注文あるいは買注文取消であれば $i := i^B(k, \mathbf{x})$ です.

以下では，$\mathbf{x} = \begin{bmatrix} x_{n-1} \\ \vdots \\ x_k \\ \vdots \\ x_0 \end{bmatrix} \in \mathcal{A}$ で，時刻 t で $\mathbf{X}_t = \mathbf{x}$ という条件のもとで考えます.

定義 6.22 (板情報過程のダイナミクス) 板情報過程 $\mathbf{X}_t$ の時刻 t から後の動きを $\mathbf{X}_t$ の要素番号 k ごとに記述すると以下のようになります.

1) $k > k^A(\mathbf{x})$ のとき. $i := i^A(k, \mathbf{x})$ とおくと

$$\mathbf{X}_{t+(L_i \wedge C_{i,x_k})} = \begin{cases} L_k^A(\mathbf{x}) & (L_i < C_{i,x_k} \text{ のとき}) & \frac{\lambda(i)}{\lambda(i)+|x_k|\theta(i)} \\ C_k^A(\mathbf{x}) & (C_{i,x_k} < L_i \text{ のとき}) & \frac{|x_k|\theta(i)}{\lambda(i)+|x_k|\theta(i)} \end{cases}$$

2) $k = k^A(\mathbf{x})$ のとき. $i := i^A(k, \mathbf{x})$ とおくと

$$\mathbf{X}_{t+(L_i \wedge M \wedge C_{i,x_k})} = \begin{cases} L_k^A(\mathbf{x}) & (L_i < M \wedge C_{i,x_k} \text{ のとき}) & \frac{\lambda(i)}{\lambda(i)+\mu+|x_k|\theta(i)} \\ M^B(\mathbf{x}) & (M < L_i \wedge C_{i,x_k} \text{ のとき}) & \frac{\mu}{\lambda(i)+\mu+|x_k|\theta(i)} \\ C_k^A(\mathbf{x}) & (C_{i,x_k} < L_i \wedge M \text{ のとき}) & \frac{|x_k|\theta(i)}{\lambda(i)+\mu+|x_k|\theta(i)} \end{cases}$$

3) $k^A(\mathbf{x}) > k > k^B(\mathbf{x})$ のとき. $i^A := i^A(k, \mathbf{x})$, $i^B := i^B(k, \mathbf{x})$ とおくと

$$\mathbf{X}_{t+(L_{i^A} \wedge L_{i^B})} = \begin{cases} L_k^A(\mathbf{x}) & (L_{i^A} < L_{i^B} \text{ のとき}) & \frac{\lambda(i^A)}{\lambda(i^A)+\lambda(i^B)} \\ L_k^B(\mathbf{x}) & (L_{i^B} < L_{i^A} \text{ のとき}) & \frac{\lambda(i^B)}{\lambda(i^A)+\lambda(i^B)} \end{cases}$$

4) $k = k^B(\mathbf{x})$ のとき. $i := i^B(k, \mathbf{x})$ とおくと

$$\mathbf{X}_{t+(L_i \wedge M \wedge C_{i,x_k})} = \begin{cases} L_k^B(\mathbf{x}) & (L_i < M \wedge C_{i,x_k} \text{ のとき}) & \frac{\lambda(i)}{\lambda(i)+\mu+|x_k|\theta(i)} \\ M^A(\mathbf{x}) & (M < L_i \wedge C_{i,x_k} \text{ のとき}) & \frac{\mu}{\lambda(i)+\mu+|x_k|\theta(i)} \\ C_k^B(\mathbf{x}) & (C_{i,x_k} < L_i \wedge M \text{ のとき}) & \frac{|x_k|\theta(i)}{\lambda(i)+\mu+|x_k|\theta(i)} \end{cases}$$

5) $k < k^B(\mathbf{x})$ のとき. $i := i^B(k, \mathbf{x})$ とおくと

$$\mathbf{X}_{t+(L_i \wedge C_{i,x_k})} = \begin{cases} L_k^B(\mathbf{x}) & (L_i < C_{i,x_k} \text{ のとき}) & \frac{\lambda(i)}{\lambda(i)+|x_k|\theta(i)} \\ C_k^B(\mathbf{x}) & (C_{i,x_k} < L_i \text{ のとき}) & \frac{|x_k|\theta(i)}{\lambda(i)+|x_k|\theta(i)} \end{cases}$$

なお，最後の分数は，それぞれの事象が起こる確率，すなわち状態の**推移確率** (transition probability) です．

定義 6.22 で記述された板情報の変化に関する様々な確率変数を，系 6.12 を用いて評価することができます．以下はその一例です．

定義 6.23 $\mathbf{x} \in \mathcal{A}$ とするとき，以下の確率変数を定めます．
1) $\sigma_{\mathbf{x}}^A := \inf\{h > 0 \mid X_{k^A(\mathbf{x}),t+h} = 0, \mathbf{X}_t = \mathbf{x}\}$.
2) $\sigma_{\mathbf{x}}^B := \inf\{h > 0 \mid X_{k^B(\mathbf{x}),t+h} = 0, \mathbf{X}_t = \mathbf{x}\}$.

系 6.12 より以下が得られます．

定理 6.24

$$\hat{f}_{\sigma_{\mathbf{x}}^A}(s) := \mathcal{L}\{f_{\sigma_{\mathbf{x}}^A}(t)\}(s)$$
$$= \left(\frac{-1}{\lambda(k^S(\mathbf{x}))}\right)^{|x_{k^A(\mathbf{x})}|} \prod_{i=1}^{|x_{k^A(\mathbf{x})}|} \Phi_{j=i}^{\infty} \frac{-\lambda(k^S(\mathbf{x}))(\mu + j\theta(k^S(\mathbf{x})))}{\lambda(k^S(\mathbf{x})) + \mu + j\theta(k^S(\mathbf{x})) + s}$$

$$\hat{f}_{\sigma_{\mathbf{x}}^B}(s) := \mathcal{L}\{f_{\sigma_{\mathbf{x}}^B}(t)\}(s)$$
$$= \left(\frac{-1}{\lambda(k^S(\mathbf{x}))}\right)^{|x_{k^B(\mathbf{x})}|} \prod_{i=1}^{|x_{k^B(\mathbf{x})}|} \Phi_{j=i}^{\infty} \frac{-\lambda(k^S(\mathbf{x}))(\mu + j\theta(k^S(\mathbf{x})))}{\lambda(k^S(\mathbf{x})) + \mu + j\theta(k^S(\mathbf{x})) + s}$$

6.7 つぎの価格変化が上昇である確率

本節では，6.6節で定式化した板情報過程の応用例のひとつとして，時刻 t に板情報 $\mathbf{x}$ を持つとき，つまり $\mathbf{X}_t = \mathbf{x}$ という条件のもとで，t 以降で最初に仲値が変化するときにこれが上昇である確率を求めます．この確率は，高頻度取引を行う際のアルファの有力な候補になります．

仲値が (上昇するにしても下降するにしても) 変化するまでの時間 $\tau_{\mathbf{x}}$ は以下のように記述できます．

$$\tau_{\mathbf{x}} := \inf\{h > 0 \mid p^M(\mathbf{X}_{t+h}) \neq p^M(\mathbf{x}), \mathbf{X}_t = \mathbf{x}\} \tag{6.35}$$

この $\tau_{\mathbf{x}}$ を使うと我々が求めたい確率 $P_{\mathbf{x}}^{\mathrm{up}}$ はつぎのように表現できます．

$$P_{\mathbf{x}}^{\mathrm{up}} := \mathbb{P}(p^M(\mathbf{X}_{t+\tau_{\mathbf{x}}}) > p^M(\mathbf{x}) \mid \mathbf{X}_t = \mathbf{x}) \tag{6.36}$$

ところで，仲値が変化するのは $k^A(\mathbf{X}_t)$ か $k^B(\mathbf{X}_t)$ が変化するときですから，これを考慮すると $\tau_{\mathbf{x}}$ と $P_{\mathbf{x}}^{\mathrm{up}}$ はつぎのようにも書けます．

$$\tau_{\mathbf{x}} = \inf\{h > 0 \mid (k^A(\mathbf{X}_{t+h}) \neq k^A(\mathbf{x})) \vee (k^B(\mathbf{X}_{t+h}) \neq k^B(\mathbf{x})), \mathbf{X}_t = \mathbf{x}\} \tag{6.37}$$

$$P_{\mathbf{x}}^{\mathrm{up}} = \mathbb{P}((k^A(\mathbf{X}_{t+\tau_{\mathbf{x}}}) > k^A(\mathbf{x})) \vee (k^B(\mathbf{X}_{t+\tau_{\mathbf{x}}}) > k^B(\mathbf{x})) \mid \mathbf{X}_t = \mathbf{x}) \tag{6.38}$$

これらは価格格子 v に依らない表現となっています．

では，$k^A(\mathbf{x})$ や $k^B(\mathbf{x})$ が変化するのはどのような状況でしょうか？ これは $X_{k^A(\mathbf{x}),t}$ か $X_{k^B(\mathbf{x}),t}$ が 0 になる，あるいは $k^A(\mathbf{x}) > k > k^B(\mathbf{x})$ なる k に指値注文が置かれる場合です．

これらを捕捉するために，定義 6.23 の $\sigma_{\mathbf{x}}^A$ と $\sigma_{\mathbf{x}}^B$ に加えて，以下の確率変数が必要になります．

定義 6.25 $j = 1, 2, \ldots, k^S(\mathbf{x}) - 1$ に対して，板 $k^A(\mathbf{x}) - j$ に売指値注文が到着するまでの時間と買指値注文が到着するまでの時間を表す確率変数をそれぞれ $\sigma_{j,\mathbf{x}}^A$ と $\sigma_{j,\mathbf{x}}^B$ で表します．

定義 6.22 の 3) から以下がわかります.

$$\sigma_{j,\mathbf{x}}^A \sim \mathrm{Exp}(\lambda(k^S(\mathbf{x}) - j)), \quad \sigma_{j,\mathbf{x}}^B \sim \mathrm{Exp}(\lambda(j)) \tag{6.39}$$

上の考察から, これらの確率変数を使うと, $P_{\mathbf{x}}^{\mathrm{up}}$ は以下のように書き直せます.

$$P_{\mathbf{x}}^{\mathrm{up}} = \mathbb{P}(\sigma_{\mathbf{x}}^A \wedge \sigma_{1,\mathbf{x}}^B \wedge \cdots \wedge \sigma_{k^S(\mathbf{x})-1,\mathbf{x}}^B < \sigma_{\mathbf{x}}^B \wedge \sigma_{1,\mathbf{x}}^A \wedge \cdots \wedge \sigma_{k^S(\mathbf{x})-1,\mathbf{x}}^A) \tag{6.40}$$

ここで

$$Z_{\mathbf{x}}^A := \sigma_{1,\mathbf{x}}^A \wedge \cdots \wedge \sigma_{k^S(\mathbf{x})-1,\mathbf{x}}^A, \quad Z_{\mathbf{x}}^B := \sigma_{1,\mathbf{x}}^B \wedge \cdots \wedge \sigma_{k^S(\mathbf{x})-1,\mathbf{x}}^B \tag{6.41}$$

とおくと問 A.30 より

$$Z_{\mathbf{x}}^A \sim \mathrm{Exp}(\Lambda_{\mathbf{x}}), \quad Z_{\mathbf{x}}^B \sim \mathrm{Exp}(\Lambda_{\mathbf{x}}) \tag{6.42}$$

ただし

$$\Lambda_{\mathbf{x}} := \sum_{1 \le j < k^S(\mathbf{x})} \lambda(j) \tag{6.43}$$

さらに

$$U_{\mathbf{x}} := (\sigma_{\mathbf{x}}^A \wedge Z_{\mathbf{x}}^B) - (\sigma_{\mathbf{x}}^B \wedge Z_{\mathbf{x}}^A) \tag{6.44}$$

とおくと (6.40) および $\mathbb{P}(U_{\mathbf{x}} = 0) = 0$ と考えてよいことから,

$$P_{\mathbf{x}}^{\mathrm{up}} = \mathbb{P}(U_{\mathbf{x}} < 0) = F_{U_{\mathbf{x}}}(0) \tag{6.45}$$

上式を計算するため, $F_{U_{\mathbf{x}}}(t)$ のラプラス変換 $\hat{F}_{U_{\mathbf{x}}}(s)$ を考えます. $f_{U_{\mathbf{x}}}(t)$ のラプラス変換を $\hat{f}_{U_{\mathbf{x}}}(s)$ と書くとすると, 定理 6.3 の 5), 命題 6.5 と定理 6.3 の 3), それに命題 6.6 を使って以下を得ます.

$$
\begin{aligned}
\hat{F}_{U_{\mathbf{x}}}(s) &= \frac{1}{s} \hat{f}_{U_{\mathbf{x}}}(s) \\
&= \frac{1}{s} \hat{f}_{\sigma_{\mathbf{x}}^A \wedge Z_{\mathbf{x}}^B}(s) \hat{f}_{\sigma_{\mathbf{x}}^B \wedge Z_{\mathbf{x}}^A}(-s) \\
&= \frac{1}{s} \left\{ \left(1 - \frac{\Lambda_{\mathbf{x}}}{\Lambda_{\mathbf{x}} + s}\right) \hat{f}_{\sigma_{\mathbf{x}}^A}(\Lambda_{\mathbf{x}} + s) + \frac{\Lambda_{\mathbf{x}}}{\Lambda_{\mathbf{x}} + s} \right\} \\
&\quad \times \left\{ \left(1 - \frac{\Lambda_{\mathbf{x}}}{\Lambda_{\mathbf{x}} - s}\right) \hat{f}_{\sigma_{\mathbf{x}}^B}(\Lambda_{\mathbf{x}} - s) + \frac{\Lambda_{\mathbf{x}}}{\Lambda_{\mathbf{x}} - s} \right\}
\end{aligned} \tag{6.46}
$$

以上をまとめます.

6.8 Hawkes 過程を用いた改善

定理 6.26 (Cont-Stoikov-Talreja[7]) 条件 $\mathbf{X}_t = \mathbf{x}$ のもとで，つぎに仲値が上昇する確率 $P_{\mathbf{x}}^{\mathrm{up}}$ は以下の式で与えられます．

$$P_{\mathbf{x}}^{\mathrm{up}} = \mathcal{L}^{-1}\{\hat{F}_{U_{\mathbf{x}}}(s)\}(0) \tag{6.47}$$

ただし

$$
\begin{aligned}
\hat{F}_{U_{\mathbf{x}}}(s) = \frac{1}{s} &\left\{ \left(1 - \frac{\Lambda_{\mathbf{x}}}{\Lambda_{\mathbf{x}} + s}\right) \hat{f}_{\sigma_{\mathbf{x}}^A}(\Lambda_{\mathbf{x}} + s) + \frac{\Lambda_{\mathbf{x}}}{\Lambda_{\mathbf{x}} + s} \right\} \\
\times &\left\{ \left(1 - \frac{\Lambda_{\mathbf{x}}}{\Lambda_{\mathbf{x}} - s}\right) \hat{f}_{\sigma_{\mathbf{x}}^B}(\Lambda_{\mathbf{x}} - s) + \frac{\Lambda_{\mathbf{x}}}{\Lambda_{\mathbf{x}} - s} \right\}
\end{aligned}
$$

また関数 $\hat{f}_{\sigma_{\mathbf{x}}^A}(s)$ と $\hat{f}_{\sigma_{\mathbf{x}}^B}(s)$ は定理 6.24 で，さらに $\Lambda_{\mathbf{x}}$ は (6.43) で与えられます．

問 6.27 確率 $P_{\mathbf{x}}^{\mathrm{up}}$ の値は，条件 $\mathbf{x}$ のうち $x_{k^A(\mathbf{x})}$，$x_{k^B(\mathbf{x})}$ および $k^S(\mathbf{x})$ のみに依存しています．これを確認しなさい．特に $k^S(\mathbf{x}) = 1$ (つまりスプレッドが 1) のとき，$\hat{F}_{U_{\mathbf{x}}}(s)$ はどんな形になりますか？

6.8 Hawkes 過程を用いた改善

前節までに紹介した Cont らの方法は結果は素晴らしいのですが，この式を導く過程でいくつかの仮定を置いていました．たとえば，隣接する板に届く指値注文は，独立に到着するとしていましたが，これはあまり現実的ではありません．つまり 1000 円の板に注文を出すか 1010 円に出すかを考えるときのことを考えるとこのふたつの間には何らかの関係があると考える方が自然でしょう．この関係を無相関とせずに何らかの相関があるとする手法があります．**Hawkes 過程** (Hawkes process) と呼ばれているもので，これはもともと地震の地点ごとの発生確率を表現するのに使われてきました．たとえば，東日本大震災の後に，その余震が発生したのは，やはり近所が多いわけです．ですから地理的に距離が近いところが関連が大きいと考えましょう，というのがこの理論です．

Hawkes 過程は，板情報の解析だけでなく，数理ファイナンス一般で昨今広く使われるようになってきています[2]．

6.9 バック・テストの問題

過去データ (historical data) を用いて，アルファの効果を計測するには，自分が置いた注文の一時的市場インパクトの影響をみなくてはいけません．

この問題は，リアルの板に自分の注文を付け加えた合成板 (synthetic ita) を使って解決します．

注文を置いた直後は，板の最後尾に並ぶので曖昧さはありませんが，その後，自分の後ろにリアルな注文が並び，さらに取消が発生すると，自分の前と後ろのどちらの注文が取り消されたのかが判定できなくなります．このため，自分の注文が約定されるタイミングが怪しくなってきます．この曖昧さによるノイズは，注文を置いてからの時間経過とともに増大します．しかしながら，注文の寿命に短い制限を置いている戦略であれば，寿命が尽きるとともに自分自身を取り消して市場への自分の仮想インパクトを消すため，この問題はそれほど大きくありません．

もうひとつ，Hawkes 過程を使っている場合，板のレベル間の励起感応度が，合成板の導入で変化してしまう可能性があります．この問題は，新たにパラメタを近似し直して，もう一度シミュレーションし，さらに第 2 次近似をして，ということを繰り返すしか手はないかもしれません．理論的には，このように近似を繰り返したときにパラメタが漸近的にどのような振る舞いをするか，というのが興味深い問題でしょう．

7

教師あり学習を使ったアルファ探索

　第6章ではいくつかの条件のもとで伸値が上昇する確率を計算しました．しかしこうした条件のいくつかは，たとえば注目している板情報のなかの異なるレベルの板は (たとえ隣接していても)，そこに到達する指値注文の頻度は独立に発生するなど，現実的ではないものがありました．

　本章では，こうした条件をまったく前提としない，いわゆるモデル・フリーな板情報力学の可能性を機械学習のテクニックを使って探っていきます．

　機械学習について不慣れな読者は，付録Eを参照してください．

　図7.1は，2017年2月17日の寄り付き直後の東芝の板情報です．第6章と同じように，この板をみて，つぎに上がるか下がるかを予想するのが目標です．

　いうまでもありませんが，この板は時間を固定した (今の例では午前9時0分0.0905秒) スナップショットです．図7.1の情報の中の気配値の前後4本の

```
09:00:00.090500
    126000(23)  199.9
     34000(11)  199.8
     10000( 2)  199.7
     25000( 2)  199.6
     56000(10)  199.5
      7000( 5)  199.4
                199.3*    30000( 8)
                199.2     33000(20)
                199.1    110000(32)
                199.0    629000(197)
                198.9    102000(11)
                198.8     38000( 9)
                198.7     53000( 8)
```

図 **7.1**　ザラバ中の板情報: 6502(東芝) 2017/2/17

板を横向きに並べて 1 行にまとめたのが，表 7.1 の 1 行目です．2 行目以降は，板が更新されるごとにその時刻と新しい板の状況が記録されています．

表 7.1 は時間間隔がてんでばらばらで，たとえば固定した時間地平での収益率を考えるときには，少々不便です．そこで，これを 1 秒間隔に間引いて作ったのが表 7.2 です．まずは，ここから予想させることを考えます．

表 7.2 の 1 行は，時刻を入れないと 10 列からなっています．ナイーブに考えつくのは，10 個の入力を持ち，与えられた時間地平 h 秒後に上がるか下がるかを分類するようなニューラル・ネットワークを作り，そこにこのデータを 1 行ずつ，流し込んでいく方法でしょう．

表 7.1　板の高頻度データ

time	kehai	ita-4	ita-3	ita-2	ita-1	ita0	ita1	ita2	ita3	ita4
32400.0905	199.3	-10000	-25000	-56000	-7000	30000	33000	110000	629000	102000
32400.1048	199.5	-126000	-34000	-10000	-25000	-56000	0	30000	33000	110000
32400.1513	199.3	-10000	-25000	-56000	0	35000	33000	110000	629000	102000
32400.1536	199.6	-713000	-126000	-34000	-10000	-25000	0	0	35000	33000
32400.2268	199.6	-713000	-126000	-34000	-10000	-25000	0	0	35000	33000
32400.2276	199.6	-713000	-126000	-34000	-10000	-25000	0	0	35000	33000
32400.2322	199.4	-34000	-10000	-25000	0	5000	35000	33000	110000	629000
32400.2506	199.6	-713000	-126000	-34000	-10000	-15000	0	5000	35000	33000
32400.2972	199.6	-713000	-126000	-34000	-10000	-15000	0	5000	35000	33000
32400.3106	199.6	-713000	-126000	-34000	-10000	-15000	0	5000	35000	34000
32400.3512	199.6	-713000	-126000	-34000	-10000	-15000	0	5000	35000	34000
32400.3671	199.5	-126000	-34000	-10000	-15000	5000	5000	35000	34000	110000

表 7.2　1 秒ごとの板情報

time	kehai	ita-4	ita-3	ita-2	ita-1	ita0	ita1	ita2	ita3	ita4
32401	199.2	-12000	0	0	0	29000	115000	628000	102000	57000
32402	199.2	-1000	-134000	0	0	5000	115000	629000	102000	38000
32403	199.2	0	-135000	0	0	11000	9000	628000	105000	38000
32404	199.2	0	-134000	0	0	9000	0	626000	102000	38000
32405	199.2	0	-133000	0	0	5000	2000	658000	108000	40000
32406	199.2	-34000	-126000	0	0	5000	2000	659000	111000	40000
32407	199.1	-124000	-6000	0	0	6000	669000	114000	42000	63000
32408	199.1	-124000	-4000	0	0	6000	669000	114000	46000	64000
32409	199.7	-21000	-748000	-126000	-49000	-21000	0	0	0	6000
32410	199.2	0	-25000	-1000	0	19000	9000	666000	112000	56000
32411	199.5	-126000	-43000	0	0	-25000	16000	7000	11000	11000
32412	199.3	-2000	0	-7000	0	20000	16000	9000	669000	112000
32413	199.4	-48000	-3000	0	-9000	-4000	16000	16000	11000	670000

このとき，問題になるのは，このネットワークの訓練時にどのような教師データを与えてやるのがよいか，ということです．

7.1 板情報から教師データを作成する方法

この節では，表 7.2 を訓練データとしてみたとき，それに付加する教師データをどのように作成するかについて議論します．

7.1.1 方 法 1

p_i を i 番目の気配値とします．このとき，与えられた時間地平 h，たとえば 10 秒，に対して，以下のようにして収益ベクトル $\Delta \mathbf{v}$ と教師ベクトル $\mathbf{v}$ を作ります．

$$\Delta r_i := \begin{cases} \frac{p_{i+h}}{p_i} - 1 & (i+h \leq n \text{ のとき}) \\ 0 & (i+h > n \text{ のとき}) \end{cases}$$

$$v_i := \begin{cases} 1 & (\Delta r_i > 0 \text{ のとき}) \\ 0 & (\Delta r_i = 0 \text{ のとき}) \\ -1 & (\Delta r_i < 0 \text{ のとき}) \end{cases}$$

ただし n は訓練データの行数です．

残念ながら，一部の銘柄ではこの方法はあまりうまくいきません．何故でしょうか？

たとえば，流動性の低い銘柄の場合，このような短い期間 $(h = 10$ 秒$)$ では，教師ベクトル $\mathbf{v}$ のほとんどすべての要素が中央のケース，つまり 0 になります．すると，全要素が 0 のベクトルが大抵の場合最良の予測になってしまいます．一旦，損失関数の出力ベクトルの全要素が 0 になるように重みが調整されてしまうと，もはやそれ以上更新されなくなってしまうのです．

このため，予測はまったく役に立たないものとなります[*1]．

[*1] これは，異常検知 (anomaly detection) でもよく知られている問題です[32]．

7.1.2 方　　法　　2

つぎの試みは，事前に定義された時間地平に依存しない方法です.

これは，つぎに価格が変化したときの方向 v_i を，上昇ならば +1，下降ならば −1 として教師データとして採用します.

$$J_i := \{j \mid i < j \le n \text{ かつ } p_j \ne p_i\}$$

$$d_i := \begin{cases} \frac{p_j - p_i}{t_j - t_i} & (J_i \ne \emptyset \text{ かつ } j = \min J_i \text{ のとき}) \\ 0 & (J_i = \emptyset \text{ のとき}) \end{cases}$$

$$v_i := \text{sign}(d_i)$$

このとき，明らかに以下が成り立ちます.

$$v_i = 0 \text{ iff } i < \forall j \le n, p_j = p_i$$

この方法は，いくつかのケースではうまくいきますが，多くのケースでは，重み係数がうまく収束しないという問題が発生します.

7.1.3 方　　法　　3

今，t を予測時刻としましょう. 時刻 t で，我々は仲値から上下 d レベルの板をまとめた以下のような 1 次元板ベクトルのパターンをみています.

$$\{q_{t,l}\}_{l=0,\pm 1,\ldots,\pm d}$$

このとき，以下のような多次元パターンを使ってみます.

$$\{q_{s,l}\}_{s=t,t-1,\ldots,t-c,\ l=0,\pm 1,\ldots,\pm d}$$

つまり，現在の板パターンを観るだけでなく，$t-c$ から現在までの過去の板パターンも観測するのです.

この場合，ある種の畳み込み (CNN) のテクニックを使うことができるかもしれません.

7.1.4 損失関数に関する考察

意味のあるアルファを見つけるためには，出力を 3 種類以上のクラスに分類

する必要があります.

一方，ソフトマックス層 [2] に続いて交差エントロピー誤差計算を行う限り，以下のようなふたつの状況に異なる値を付与することはできません.

1) 真のクラスは 0 (変化なし) だが，予測クラスは 1 (上昇) の場合，

2) 真のクラスは -1 (下降) だが，予測クラスは 1 (上昇) の場合，

しかしながら，これは我々の自然な直観になじまないものです.

では，なにが，適当な損失関数でしょうか？

教師データを，つぎに気配値が変化するまでの時間とそのときの価格差から dp/dt を計算したものにしてみます [3].

ここで使う損失関数は，交差エントロピー誤差関数の方が妥当のように見えます.

7.2 機械学習を使ったアルゴリズム取引の怖さ

機械学習を使った方法の良い点は，とにかく何らかの結果が出る，ということです．しかしそうして得られた結果を信じてよいのでしょうか？ いろいろ疑問は出てきますが，最大の問題は，この手法が「科学的」か，ということでしょう．1.3 節で述べたようにアルゴリズム取引は徹頭徹尾科学的でなくてはなりません．しかし機械学習を使ったモデル・フリーなこの手法は必ずしも科学的とは言えません.

複雑すぎて扱える理論がない．背景の理論もない．今までは経済学やファイナンスの理論，たとえば，CAPM があって均衡するからこうなるんだ，と言えたのですが，機械学習を始めた途端に，データがあるから，ということで計算機を回してみたところ，めでたく結果が出た，となってしまうわけです.

少し話題がそれますが，世の中ではビッグデータが大流行です．たしかに昔から統計学者の間では，データに語らせる，という考えがありますが，それにはきちんと統計理論に基づいて解析するという大前提があります.

---

[2] E.4 節を参照して下さい.
[3] このアイデアは正田智昭博士 (日本 IBM) に示唆していただきました.

ここで，構造のまったくないデータであれば，たとえ大規模であっても怖く
ありませんが，一般に機械学習で使うビッグデータは複雑な構造を内包してい
るので，その統計論的複雑さはとても手に負えるようなレベルではありません．
そういう状況でデータに「語らせ」て本当に大丈夫なのでしょうか？

そもそもデータの見方というのは人によって違いますし，同じデータからまっ
たく別の結論を出せてしまうこともよくあります．そういった危険を避けながら
データに語らせるためには，きちんとした統計理論が背後にないといけません．

現在の機械学習を使ったアルゴリズム取引は，ですからとても怖いと言わざ
るを得ません．

ひとつの可能性として，データを使わない学習法が考えられます．今，取引
を環境と人間の相互作用と捉えてみます．すると，過去データは，人間が知力
をふりしぼって不確実性という環境と格闘した履歴と見ることでしょう．教
師あり機械学習は，そうした過去データから学習して，自身を磨いていくわけ
ですが，このとき，本当に人間の過去の振る舞いというのは最適なものだった
のか，という疑問が湧きます．この疑問に対する答えがあまり肯定的と思えな
い場合，機械に市場のルールだけ教えた後は，人間の過去の振る舞いを見ずに
まったくゼロから自分だけで学ばせる，いわゆる強化学習を使うことを考えるの
は自然でしょう．この手法を使った有名な例は，AlphaGo Zero です[25]．これ
は，人類が蓄積した過去の棋譜を見ずに，自分たち同士で対戦することで，人間
はもちろん先代の AlphaGo に対しても圧倒的な強さを発揮している AI です．

このように過去データ (通常はビッグデータ) を読まずに学習する手法は，学
習スピードも速くなりますから，将来，金融を含む多くの分野で用いられるよ
うになるでしょう．

まとめると，機械学習の利点はモデル・フリーであること，つまり特定の確
率分布を前提としないことです．一方，機械学習の欠点は，テスト期間のレジ
メがトレーニング期間のそれとは違うかもしれない，ということになります．
実際，レジメ・チェンジは，トレーニング期間に学んだ経験を無意味にしてし
まうかもしれません．さらに，AI の高速な推論は，そうしたレジメ・チェンジ

のペースを速めるかもしれません．言い換えれば，明日に有用な知識は，何も残らないようになってしまうかもしれないという事態になりかねず，それはすなわち，**機械学習は本当に学習しているのか?** という疑問に繋がります．

7.2.1　アルファとリスク管理

前節で述べた機械学習の問題点が，リスク管理に与える影響を考えてみましょう．

アルファを計算するときに使ったモデルについて考えます．もしこのモデルの統計的分布を知っていれば，そこから得られるアルファに関する何らかの帰無仮説の検定を行うことができます．しかしながら一般的には，ニューラル・ネットワークの状態空間はとてつもなく大きく複雑で，たとえば損失関数の適当な分布を見つけることはできません．つまりニューラル・ネットワークを使って生成したアルファをもとにしたアルゴリズム取引に使える信頼できるリスク管理手法を発見することは難しいという結論に達します．

このような事態を考慮に入れてリスク計測の場面を分類するとつぎのようになるでしょう．

1) 確率分布がわかった後でのリスク計測
2) 分布が定かでないときのリスク計測
3) モデルがあまりに複雑で，リスクを計測できない

リーマン・ショックのときの状況を調べた際には，2 番めのリスクが中心課題となりました．いわゆるモデル・リスク (model risk) です．しかしながら，AI で駆動されたアルゴリズム取引が市場を支配するようになる近未来では，3 番目のリスクがもっとも大きな問題となるかもしれません．

8

戦　　　略

　十分流動性があるならばさほど大きな問題にはなりませんが，板情報をみな
がら取引するような短期的投資では，第5章で見たように自分の取引によって
市場価格が好ましくない方向に (一時的に) 変動してしまう，という現象が起き
ます．この一時的市場インパクトを考慮するのが，アルゴリズム取引のひとつ
の特徴です．

　一方，今，まとまった量の売り (買い) をしたいトレーダーがいるとすると，
彼女は，以下のふたつの間で決断しなくてはいけなくなります．すなわち

- 一括では売れ (買え) なくても，板情報を下 (上) の方まで一気に食べて価
  格を下げて (上げて) しまうのを嫌って，それらをそれほど目立たないサイ
  ズに分割し，その上でできるだけ短時間で売る (買う)．しかし，たとえ分
  割しても他のトレーダーは，短い時間で売り (買い) 注文が多発するため自
  らの買い (売り) 注文をより低い (高い) 価格の指値にかえていくだろうか
  ら，結局価格は下がって (上がって) いく．

- 分割した注文を気取られないようにゆっくりと売って (買って) いく．しか
  しこうすると，市場の価格変動の不確実性にさらされる．つまり彼女が売
  らなく (買わなく) ても価格がどんどん下がって (上がって) いくような場
  合もあり得る．

この兼ね合いを考えるのが，最適流動化 (もしくは最適執行) と呼ばれる問題
です．

　本章では，これを一般化した問題を，2種類の連続時間確率モデルのもとで最
適化問題として解いた後，その結果を通常の取引所のみを使う場合とダーク・
プールと呼ばれる情報開示が十分でない取引所も使う場合の2種類の流動化問

題に適用します [*1].

8.1 最適流動化問題の定式化

本節では，成行注文を使った最良の流動化はどのように行えばよいかを議論します．

流動化する速度を可予測で非負値を持つ確率過程 u_t で表し，これを**流動化過程** (liquidation process) と呼ぶことにします．すると流動化したい証券の在庫過程 (inventory process) Q_t^u は以下を満たします．

$$dQ_t^u = -u_t dt, \quad Q_0^u = q_0 \tag{8.1}$$

一般に流動化しようとする証券の価格には u_t に応じて下げ圧力が発生します．たとえば仲値 S_t^u はつぎのような適合過程で表現できます．

$$dS_t^u = -g(u_t)dt + \sigma dW_t, \quad S_0^u = s_0 \tag{8.2}$$

ここで $g(u)$ は**恒久的市場インパクト** (permanent market impact) を表す単調増加関数で $g(0) = 0$ を満たします．また W_t は 1 次元ブラウン運動です．我々は，この仲値がファンダメンタル価値 (fundamental value) であると考えます．一方，約定価格 (execution price) $\hat{S}_t^u$ は，以下のように仲値から若干乖離します．

$$\hat{S}_t^u := S_t^u - f(u_t) \tag{8.3}$$

ここで $f(u)$ は**一時的市場インパクト** (temporary market impact) を表す単調増加関数で $f(0) \geq 0$ を満たします．すると，トレーダーの持つ**現金過程** (cash process) X_t^u は以下のようになります．

$$dX_t^u = \hat{S}_t^u u_t dt, \quad X_0^u = x_0 \tag{8.4}$$

つぎに流動化の結果をどのように評価するかを考えてみます．

売却を終えたいと考えた時刻 [*2] T ですべての在庫が掃けていれば，つまり

[*1] 本章の内容は，Cartea ら[6] を参考にしています．
[*2] 脱出時刻 (exit time) と呼んだりします．

$Q_T^u = 0$ であれば問題ありませんが，そうでなければすべてそのときの時価で売り尽くさなくてはなりません．そのときの売却価格は仲値よりも相当下がる価格 $\varrho(S_T^u, Q_T^u)$ と考えます．ただし $\varrho(s, q)$ は

$$\varrho(s, 0) = s, \quad q < q' \text{ ならば } \varrho(s, q) > \varrho(s, q') \tag{8.5}$$

を満たす関数で，たとえば

$$\varrho(s, q) := s - \rho q \tag{8.6}$$

で $\rho > 0$ は定数とします．さらに脱出時刻に至る途中時刻でも，あまり在庫をたくさん抱えていると (最後までちゃんと売り切れるかという) 将来のリスクを抱えていることになりますから，これに対して各時刻 $t \in [0, T]$ ごとに以下のような金額ベースのペナルティ $\varphi(Q_t^u)dt$ を課します．ただし $\varphi(q)$ は

$$0 \le q < q' \text{ または } 0 \ge q > q' \text{ ならば } \varphi(q) < \varphi(q') \tag{8.7}$$

を満たす関数で，たとえば

$$\varphi(q) := \phi q^2 \tag{8.8}$$

で $\phi > 0$ は定数とします．すると，流動化過程を評価する値関数は以下のようになり

$$H^u(x_0, s_0, q_0) := \mathbb{E}\left[X_T^u + Q_T^u \varrho(S_T^u, Q_T^u) - \int_0^T \varphi(Q_t^u)dt \right] \tag{8.9}$$

流動化問題はつぎのような最大化問題になります．

$$H(x_0, s_0, q_0) := \sup_{u \in \mathcal{A}} H^u(x_0, s_0, q_0) \tag{8.10}$$

ただし $\mathcal{A}$ は，すべての流動化過程の集合です．

問 8.1 4.2 節でも見たように，成行注文ではたとえ市場インパクトがなくても仲値では売却できず，最良買い気配値以下で売ることになります．つまり (8.3) のなかの関数 f は 0 より真に大きいことが期待されます．今，この銘柄のスプレッド過程を $\Delta_t \ge 0$ とするとき，(8.3) を適当な形に書き直しなさい．

8.2 拡散過程の制御問題

8.1 節で定式化した最適化問題を一般的に解く手法に動的プログラミング原理 (dynamic programming principle) と呼ばれるものがあります．これは上記の最適化問題を **Hamilton-Jacobi-Bellman 方程式** (Hamilton-Jacobi-Bellman equation) と呼ばれる偏微分方程式を解くことに帰着させる手法です．本節では，空間の次元が 1 である場合の HJB 方程式の導出を行います．

なお本節では，数学にあまり馴染みのない読者にも理解してもらえるよう直観的な計算を採用したため，厳密さを欠いた箇所が多々あります．数学的に厳密な議論に興味のある読者は，長井[39]やØksendal-Sulem[19]を参照してください．

以下では時間ドメインは常に $\mathcal{T} = \mathbb{R}_+$ ですが，脱出時刻 (exit time) $T > 0$ を固定します．

最初に一般的な値関数 (value function) を考えます．

$$H(x) = \sup_{u \in \mathcal{A}_{0,T}} \mathbb{E}\left[G(X_T^u) + \int_0^T F(s, X_s^u, u_s) ds \right] \tag{8.11}$$

ここで x は後述する確率過程 X_t^u の初期値，$G : \mathbb{R} \to \mathbb{R}$ は終端報酬関数，$F : \mathcal{T} \times \mathbb{R}^2 \to \mathbb{R}$ は途中経過のペナルティまたは報償を表す関数です．

$\mathbb{F}$-可予測で非負有界な確率過程を**戦略** (strategy) あるいは**制御過程** (control process) と呼びます．$t \in [0, T]$ のとき，$\mathcal{A}_{t,T}$ を $[t, T]$ 上で定義されたすべての戦略の集合とします [*3]．戦略 $u = \{u_t\}_{t \in \mathcal{T}}$ に対して，1 次元拡散過程 (diffusion process) $\{X_t^u\}_{t \in \mathcal{T}}$ を以下の確率微分方程式の解と定義します．

$$dX_t^u = \mu(t, X_t^u, u_t)dt + \sigma(t, X_t^u, u_t)dW_t, \quad X_0^u = x \tag{8.12}$$

ただし $\mu, \sigma : \mathcal{T} \times \mathbb{R}^2 \to \mathbb{R}, \; x \in \mathbb{R}$ です．

(8.11) の右辺をつぎの関数を使って書き換えます．

$$H^u(t, x) := \mathbb{E}\left[G(X_T^u) + \int_t^T F(s, X_s^u, u_s) ds \mid X_t^u = x \right] \tag{8.13}$$

[*3] 許容集合 (admissible set) と呼びます．

$$H(t, x) := \sup_{u \in \mathcal{A}_{t,T}} H^u(t, x) \tag{8.14}$$

したがって

$$H(x) = H(0, x) \tag{8.15}$$

となります. 今, τ を $t \le \tau \le T$ を満たす停止時刻とすると

$$
\begin{aligned}
H^u(t, x) &= \mathbb{E}\left[G(X_T^u) + \int_\tau^T F(s, X_s^u, u_s)ds + \int_t^\tau F(s, X_s^u, u_s)ds \mid X_t^u = x \right] \\
&= \mathbb{E}\left[\mathbb{E}\left[G(Y_T^u) + \int_\tau^T F(s, Y_s^u, u_s)ds \mid Y_\tau^u = X_\tau^u \right] \right. \\
&\qquad \left. + \int_t^\tau F(s, X_s^u, u_s)ds \mid X_t^u = x \right] \\
&= \mathbb{E}\left[H^u(\tau, X_\tau^u) + \int_t^\tau F(s, X_s^u, u_s)ds \mid X_t^u = x \right] \tag{8.16}
\end{aligned}
$$

ただし, Y^u は X^u と同様に (8.12) の解です.

これよりつぎの定理を得ます [*4)].

定理 **8.2** (拡散過程の動的プログラミング原理) 値関数 (8.11) は以下の DPP (dynamic programming principle) を満たします.

$$H(t, x) = \sup_{u \in \mathcal{A}} \mathbb{E}\left[H(\tau, X_\tau^u) + \int_t^\tau F(s, X_s^u, u_s)ds \mid X_t^u = x \right] \tag{8.17}$$

ただし $\forall t \in [0, T]$, $x \in \mathbb{R}$, また τ は $t \le \tau \le T$ なる $\mathbb{F}$-停止時刻.

今, $h > 0$ として停止時刻 τ を以下のように定義します.

$$\tau := \inf\{s \in (t, T] \mid (s - t, |X_s^u - X_t^u|) \notin [0, h] \times [0, \varepsilon]\} \tag{8.18}$$

すると, h が十分に小さければ x 方向で X_s^u が飛び出す前に t 方向で抜け出すでしょうから $\tau = t + h$ と考えてよいでしょう.

つぎに伊藤の公式 (B.6) より

[*4)] 実はここは数学的ギャップがかなりあり, F や G の連続性などの仮定の他に, 停止時刻 τ についても入念な吟味が必要です. 詳細については長井[39)] などを参照してください.

$$dH(s, X_s^u) = \left(\frac{\partial}{\partial t} + \mathcal{L}_{s, X_s^u}^{u_s}\right)H(s, X_s^u)ds + \sigma(s, X_s^u, u_s)\frac{\partial}{\partial x}H(s, X_s^u)dW_s \tag{8.19}$$

ただし

$$\mathcal{L}_{t,x}^u := \mu(t, x, u)\frac{\partial}{\partial x} + \frac{1}{2}(\sigma(t, x, u))^2\frac{\partial^2}{\partial x^2} \tag{8.20}$$

ゆえに

$$H(\tau, X_\tau^u) = H(t, x) + \int_t^\tau \left(\frac{\partial}{\partial t} + \mathcal{L}_{s, X_s^u}^{u_s}\right)H(s, X_s^u)ds$$
$$+ \int_t^\tau \sigma(s, X_s^u, u_s)\frac{\partial}{\partial x}H(s, X_s^u)dW_s \tag{8.21}$$

しかし τ の決め方から (8.21) の右辺第 3 項のなかの $\sigma(s, X_s^u, u_s)\frac{\partial}{\partial x}H(s, X_s^u)$ は有界なのでマルチンゲールの差分の期待値は 0 であることから

$$\mathbb{E}\left[\int_t^\tau \sigma(s, X_s^u, u_s)\frac{\partial}{\partial x}H(s, X_s^u)dW_s\right]$$
$$= \int_t^\tau \mathbb{E}\left[\sigma(s, X_s^u, u_s)\frac{\partial}{\partial x}H(s, X_s^u)dW_s\right] = 0 \tag{8.22}$$

したがって任意の $u \in \mathcal{A}$ に対して，定理 8.2 と (8.21)，(8.22) より

$$H(t, x) \geq \mathbb{E}\left[H(\tau, X_\tau^u) + \int_t^\tau F(s, X_s^u, u_s)ds \mid X_t^u = x\right]$$
$$= \mathbb{E}\left[H(t, x) + \int_t^\tau \left\{\left(\frac{\partial}{\partial t} + \mathcal{L}_{s, X_s^u}^{u_s}\right)H(s, X_s^u)\right.\right.$$
$$\left.\left. + F(s, X_s^u, u_s)\right\}ds \mid X_t^u = x\right] \tag{8.23}$$

よって十分小さな $h > 0$ に対して

$$\mathbb{E}\left[\frac{1}{h}\int_t^{t+h}\left\{\left(\frac{\partial}{\partial t} + \mathcal{L}_{s, X_s^u}^{u_s}\right)H(s, X_s^u) + F(s, X_s^u, u_s)\right\}ds \mid X_t^u = x\right] \leq 0 \tag{8.24}$$

ここで $h \to 0$ とすると

$$\left(\frac{\partial}{\partial t} + \mathcal{L}_{t,x}^{u_t}\right)H(t, x) + F(t, x, u_t) \leq 0 \tag{8.25}$$

一方，(8.17) を達成する $u^* \in \mathcal{A}$ を持ってくると，(8.21) と (8.22) から

$$H(t,x) = \mathbb{E}\left[H(\tau, X_\tau^{u^*}) + \int_t^\tau F(s, X_s^{u^*}, u_s^*)ds \mid X_t^{u^*} = x\right]$$

$$= \mathbb{E}\left[H(t,x) + \int_t^\tau \left\{\left(\frac{\partial}{\partial t} + \mathcal{L}_{s,X_s^{u^*}}^{u_s^*}\right)H(s, X_s^{u^*})\right.\right.$$

$$\left.\left. + \int_t^\tau F(s, X_s^{u^*}, u_s^*)\right\}ds \mid X_t^{u^*} = x\right] \tag{8.26}$$

(8.26) の両辺に $\frac{1}{h}$ を乗じて, $h \to 0$ とすると

$$\left(\frac{\partial}{\partial t} + \mathcal{L}_{t,x}^{u_t^*}\right)H(t,x) + F(t,x,u_t^*) = 0 \tag{8.27}$$

(8.25) と (8.27) より以下の **Hamilton-Jacobi-Bellman** 方程式を得ます.

$$\frac{\partial}{\partial t}H(t,x) + \sup_{u \in [0,\infty)}\left(\mathcal{L}_{t,x}^u H(t,x) + F(t,x,u)\right) = 0, \quad H(T,x) = G(x) \tag{8.28}$$

空間の次元が m の場合にも同様の方法で一般化できます. 以下に結果のみを示します.

$\mathbb{F}$-可予測な p 次元確率過程 $\mathbf{u} := \underset{(p \times 1)}{\mathbf{u}_t} := \begin{bmatrix} u_{1,t} \\ u_{2,t} \\ \vdots \\ u_{p,t} \end{bmatrix}$ の全体を $\mathcal{A}$, 制御過程 $u \in \mathcal{A}$

によって制御された m 次元確率過程 $\{\mathbf{X}_t^{\mathbf{u}}\}_{t \in \mathcal{T}}$, つまり $\underset{(m \times 1)}{\mathbf{X}_t^{\mathbf{u}}} := \begin{bmatrix} X_{1,t}^{\mathbf{u}} \\ X_{2,t}^{\mathbf{u}} \\ \vdots \\ X_{m,t}^{\mathbf{u}} \end{bmatrix}$ を

以下の確率微分方程式の解と定義します.

$$\underset{(m \times 1)}{d\mathbf{X}_t^{\mathbf{u}}} = \underset{(m \times 1)}{\mu(t, \mathbf{X}_t^{\mathbf{u}}, \mathbf{u}_t)}dt + \underset{(m \times n)}{\sigma(t, \mathbf{X}_t^{\mathbf{u}}, \mathbf{u}_t)}\underset{(n \times 1)}{d\mathbf{W}_t}, \quad \underset{(m \times 1)}{\mathbf{X}_0^{\mathbf{u}}} = \underset{(m \times 1)}{\mathbf{x}} \tag{8.29}$$

ただし $\mu : \mathcal{T} \times \mathbb{R}^{m+p} \to \mathbb{R}^m$ はドリフトを表す m 次元ベクトル値関数, また $\sigma : \mathcal{T} \times \mathbb{R}^{m+p} \to \mathbb{R}^{m \times n}$ はボラティリティを表す $m \times n$ 行列値関数です.

値関数 $H : \mathbb{R}^m \to \mathbb{R}$ は以下のとおりです.

$$H(\underset{(m \times 1)}{\mathbf{x}}) = \sup_{\mathbf{u} \in \mathcal{A}} \mathbb{E}\left[G(\underset{(m \times 1)}{\mathbf{X}_T^{\mathbf{u}}}) + \int_0^T F(s, \underset{(m \times 1)}{\mathbf{X}_s^{\mathbf{u}}}, \underset{(p \times 1)}{\mathbf{u}_s})ds\right] \tag{8.30}$$

ここで $G : \mathbb{R}^m \to \mathbb{R}$ は終端報酬関数, $F : \mathcal{T} \times \mathbb{R}^{m+p} \to \mathbb{R}$ は途中経過のペナルティまたは報償を表す関数です.

つぎに (8.13), (8.14), (8.15) と同様に, (8.30) の右辺をつぎの関数を使って書き換えます.

$$H^{\mathbf{u}}(t, \mathbf{x}) := \mathbb{E}\left[G(\mathbf{X}_T^{\mathbf{u}}) + \int_t^T F(s, \mathbf{X}_s^{\mathbf{u}}, \mathbf{u}_s)ds \mid \mathbf{X}_t^{\mathbf{u}} = \mathbf{x}\right] \tag{8.31}$$

$$H(t, \mathbf{x}) := \sup_{\mathbf{u} \in \mathcal{A}_{t,T}} H^{\mathbf{u}}(t, \mathbf{x}) \tag{8.32}$$

$$H(\mathbf{x}) = H(0, \mathbf{x}) \tag{8.33}$$

このとき,

$$\underset{(1 \times 1)}{\mathcal{L}_{t,\mathbf{x}}^{\mathbf{u}}} := (\mu(t, \mathbf{x}, \mathbf{u}))^T \underset{(1 \times m)}{\frac{\partial}{\partial \mathbf{x}}} + \frac{1}{2}\mathbf{Tr}\left(\underset{(m \times n)}{\sigma(t, \mathbf{x}, \mathbf{u})}(\underset{(n \times m)}{\sigma(t, \mathbf{x}, \mathbf{u})})^T \underset{(m \times m)}{\frac{\partial^2}{\partial \mathbf{x}\partial \mathbf{x}^T}}\right) \tag{8.34}$$

とおくと関数 $H : \mathcal{T} \times \mathbb{R}^m \to \mathbb{R}$ に対して

$$\frac{\partial}{\partial t}H(t, \mathbf{x}) + \sup_{\mathbf{u} \in [0,\infty)^m}\left(\mathcal{L}_{t,\mathbf{x}}^{\mathbf{u}}H(t, \mathbf{x}) + F(t, \mathbf{x}, \mathbf{u})\right) = 0, \quad H(T, \mathbf{x}) = G(\mathbf{x}) \tag{8.35}$$

が m 次元の Hamilton-Jacobi-Bellmann 方程式で, その解は

$$H(\mathbf{x}) = H(0, \mathbf{x}) \tag{8.36}$$

を満たします.

8.3　最適流動化問題

本節では 8.2 節で学んだテクニックを用いて 8.1 節で定式化した問題を解きます.

$$\mathbf{X}_t^u := \begin{bmatrix} X_t^u \\ S_t^u \\ Q_t^u \end{bmatrix}$$ とおくと (8.4), (8.2), (8.3) と (8.1) より

$$d\mathbf{X}_t^u = \mu(t, \mathbf{X}_t^u, u_t)dt + \sigma(t, \mathbf{X}_t^u, u_t)dW_t, \quad \mathbf{X}_0^u = \begin{bmatrix} x_0 \\ s_0 \\ q_0 \end{bmatrix} \tag{8.37}$$

ただし

$$
\mu\left(t,\begin{bmatrix}x\\s\\q\end{bmatrix},u\right) := \begin{bmatrix}(s-f(u))u\\-g(u)\\-u\end{bmatrix}, \quad \sigma\left(t,\begin{bmatrix}x\\s\\q\end{bmatrix},u\right) := \begin{bmatrix}0\\\sigma\\0\end{bmatrix} \tag{8.38}
$$

ここで $\mathbf{x} := \begin{bmatrix}x\\s\\q\end{bmatrix}$ として (8.38) を (8.34) に代入すると

$$
\mathcal{L}^u_{t,\mathbf{x}} = (\mu(t,\mathbf{x},u))^T \frac{\partial}{\partial \mathbf{x}} + \frac{1}{2}\mathbf{Tr}\left(\sigma(t,\mathbf{x},u)(\sigma(t,\mathbf{x},u))^T \frac{\partial^2}{\partial \mathbf{x}\partial \mathbf{x}^T}\right)
$$

$$
= \begin{bmatrix}(s-f(u))u\\-g(u)\\-u\end{bmatrix}^T \begin{bmatrix}\frac{\partial}{\partial x}\\\frac{\partial}{\partial s}\\\frac{\partial}{\partial q}\end{bmatrix} + \frac{1}{2}\mathbf{Tr}\left(\begin{bmatrix}0\\\sigma\\0\end{bmatrix}\begin{bmatrix}0\\\sigma\\0\end{bmatrix}^T \begin{bmatrix}\frac{\partial^2}{\partial x^2} & \frac{\partial^2}{\partial x\partial s} & \frac{\partial^2}{\partial x\partial q}\\\frac{\partial^2}{\partial s\partial x} & \frac{\partial^2}{\partial s^2} & \frac{\partial^2}{\partial s\partial q}\\\frac{\partial^2}{\partial q\partial x} & \frac{\partial^2}{\partial q\partial s} & \frac{\partial^2}{\partial q^2}\end{bmatrix}\right)
$$

$$
= (s-f(u))u\frac{\partial}{\partial x} - g(u)\frac{\partial}{\partial s} - u\frac{\partial}{\partial q} + \frac{1}{2}\sigma^2\frac{\partial^2}{\partial s^2} \tag{8.39}
$$

つぎに値関数は (8.9) と (8.10) より

$$
H^u(t,\mathbf{x}) := \mathbb{E}\left[X^u_T + Q^u_T\varrho(S^u_T, Q^u_T) - \int_t^T \varphi(Q^u_r)dr \mid \mathbf{X}^u_t = \mathbf{x}\right]
$$

$$
= \mathbb{E}\left[G(\mathbf{X}^u_T) + \int_t^T F(r, \mathbf{X}^u_r, u_r)dr \mid \mathbf{X}^u_t = \mathbf{x}\right] \tag{8.40}
$$

$$
H(t,\mathbf{x}) := \sup_{u\in\mathcal{A}} H^u(t,\mathbf{x}) \tag{8.41}
$$

ただし

$$
G(\mathbf{x}) := x + q\varrho(s,q), \quad F(t,\mathbf{x},u) := -\varphi(q) \tag{8.42}
$$

以後の議論では，市場インパクトを決定する関数を以下のような線形関数と仮定します．

$$
f(u) := ku, \quad g(u) := bu \tag{8.43}
$$

ただし，$k > 0$ と $b \geq 0$ は定数です．このとき (8.39) と (8.42) を使って (8.35) の sup の中身を計算します．

$$\mathcal{L}_{t,\mathbf{x}}^{u}H(t,\mathbf{x}) + F(t,\mathbf{x},u_t)$$

$$= (s - ku_t)u_t\frac{\partial H}{\partial x} - bu_t\frac{\partial H}{\partial s} - u_t\frac{\partial H}{\partial q} + \frac{1}{2}\sigma^2\frac{\partial^2 H}{\partial s^2} - \varphi(q)$$

$$= -k\frac{\partial H}{\partial x}u_t^2 + \left\{s\frac{\partial}{\partial x} - b\frac{\partial}{\partial s} - \frac{\partial}{\partial q}\right\}Hu_t + \frac{1}{2}\sigma^2\frac{\partial^2 H}{\partial s^2} - \varphi(q) \qquad (8.44)$$

(8.44) を最大にする u_t は以下の値になります.

$$u_t^* = \frac{\left\{s\frac{\partial}{\partial x} - b\frac{\partial}{\partial s} - \frac{\partial}{\partial q}\right\}H}{2k\frac{\partial H}{\partial x}} \qquad (8.45)$$

この u_t^* を具体的に計算することが,この節の目標です.

流動化速度が (8.45) のときの (8.44) の値は

$$\frac{\left\{\left(s\frac{\partial}{\partial x} - b\frac{\partial}{\partial s} - \frac{\partial}{\partial q}\right)H\right\}^2}{4k\frac{\partial H}{\partial x}} + \frac{1}{2}\sigma^2\frac{\partial^2 H}{\partial s^2} - \varphi(q) \qquad (8.46)$$

したがって (8.6) と (8.8) を採用すると (8.35) は以下のような偏微分方程式になります.

$$\left(\frac{\partial}{\partial t} + \frac{1}{2}\sigma^2\frac{\partial^2}{\partial s^2}\right)H(t,\mathbf{x}) + \frac{\left\{\left(s\frac{\partial}{\partial x} - b\frac{\partial}{\partial s} - \frac{\partial}{\partial q}\right)H(t,\mathbf{x})\right\}^2}{4k\frac{\partial}{\partial x}H(t,\mathbf{x})} - \phi q^2 = 0$$
$$(8.47)$$

$$H(T,\mathbf{x}) = x + sq - \rho q^2 \qquad (8.48)$$

ここで境界条件 (8.48) を仔細に眺めると,値関数は手持ちの現金 x と残りの在庫 q の市場価値 sq および流動化の戦略によって決まる補正金額 $-\rho q^2$ からなっていることがわかります.そこで $t \in [0,T]$ に対して値関数 $H(t,\mathbf{x})$ が以下のような形をしていると仮定します.

$$H(t,\mathbf{x}) = x + sq + h(t)q^2 \qquad (8.49)$$

ただし $h(t)$ は x や s には依存しない関数で

$$h(T) = -\rho \qquad (8.50)$$

を満たします.すると

$$\frac{\partial H}{\partial t} = q^2 \frac{d}{dt} h(t), \quad \frac{\partial H}{\partial x} = 1, \quad \frac{\partial H}{\partial s} = q, \quad \frac{\partial H}{\partial q} = s + 2qh(t), \quad \frac{\partial^2 H}{\partial s^2} = 0 \tag{8.51}$$

最初に (8.51) を (8.45) に代入すると

$$u_t^* = -\frac{q}{k}\left(h(t) + \frac{b}{2}\right) \tag{8.52}$$

また同じく (8.51) を使って (8.47) を整理し両辺を q^2 で除すると

$$\frac{d}{dt}h(t) - \phi + \frac{1}{k}\left(h(t) + \frac{1}{2}b\right)^2 = 0 \tag{8.53}$$

これはリッカチ型 (Riccati type) の微分方程式です.

付録 D を使って (8.53) を解くと，x の 2 次方程式 $-\phi + \frac{1}{k}(x + \frac{1}{2}b)^2 = 0$ の解は

$$\zeta^{\pm} := -\frac{b}{2} \pm \sqrt{k\phi} \tag{8.54}$$

また

$$\chi(t) := \frac{\zeta^+ + \rho}{\zeta^- + \rho} e^{2\sqrt{\frac{\phi}{k}}(T-t)} \tag{8.55}$$

とおくと

$$h(t) = \frac{\zeta^+ - \zeta^- \chi(t)}{1 - \chi(t)} \tag{8.56}$$

となります.

最後に，(8.52) に (8.56) および (8.54) を代入して最適流動化過程を得ます.

$$u_t^* = -q\sqrt{\frac{\phi}{k}}\frac{1 + \chi(t)}{1 - \chi(t)} \tag{8.57}$$

問 **8.3** (8.43) の関数 f の形に関する仮定を以下のように変えて議論してみなさい.

$$f(u) := \frac{1}{2}\Delta + ku \tag{8.58}$$

ただし $\Delta \geq 0$ はスプレッドで，時間に依存しない定数とします.

8.4 計数過程を含む制御問題

8.3 節での議論では，時間に対して連続的に制御を行っていました．8.5 節では，同様の流動化問題を非連続な要素も含む制御で行う状況を考察します．本節ではそのための準備として，8.2 節での議論を，計数過程を含む形に拡張します．

$\mathbb{F}$-可予測な p 次元確率過程 $\mathbf{u} := \{\mathbf{u}_t\}_{t \in \mathcal{T}}$，$\underset{(p \times 1)}{\mathbf{u}_t} := \begin{bmatrix} u_{1,t} \\ u_{2,t} \\ \vdots \\ u_{p,t} \end{bmatrix}$ の全体を $\mathcal{A}$，

制御過程 $\mathbf{u} \in \mathcal{A}$ によって制御された m 次元確率過程 $\{\mathbf{X}_t^{\mathbf{u}}\}_{t \in \mathcal{T}}$，つまり

$\underset{(m \times 1)}{\mathbf{X}_t^{\mathbf{u}}} := \begin{bmatrix} X_{1,t}^{\mathbf{u}} \\ X_{2,t}^{\mathbf{u}} \\ \vdots \\ X_{m,t}^{\mathbf{u}} \end{bmatrix}$ を以下の確率微分方程式の解とします．

$$\underset{(m \times 1)}{d\mathbf{X}_t^{\mathbf{u}}} = \underset{(m \times 1)}{\mu(t, \mathbf{X}_t^{\mathbf{u}}, \mathbf{u}_t)}dt + \underset{(m \times n)}{\sigma(t, \mathbf{X}_t^{\mathbf{u}}, \mathbf{u}_t)}\underset{(n \times 1)}{d\mathbf{W}_t} + \underset{(m \times \ell)}{\gamma(t, \mathbf{X}_t^{\mathbf{u}}, \mathbf{Y}, \mathbf{N}_{t-, \mathbf{X}_t^{\mathbf{u}}}^{\mathbf{u}}, \mathbf{u}_t)}\underset{(\ell \times 1)}{d\mathbf{N}_{t, \mathbf{X}_t^{\mathbf{u}}}^{\mathbf{u}}}$$

$$\underset{(m \times 1)}{\mathbf{X}_0^{\mathbf{u}}} = \underset{(m \times 1)}{\mathbf{x}} \tag{8.59}$$

ただし $\mu : \mathcal{T} \times \mathbb{R}^{m+p} \to \mathbb{R}^m$ はドリフトを表す m 次元ベクトル値関数，$\sigma : \mathcal{T} \times \mathbb{R}^{m+p} \to \mathbb{R}^{m \times n}$ はボラティリティを表す $m \times n$ 行列値関数，また $\gamma : \mathcal{T} \times \mathbb{R}^{m+\ell+\ell+p} \to \mathbb{R}^{m \times \ell}$ はジャンプ・サイズを表す $m \times \ell$ 行列値

関数です．$\underset{(\ell \times 1)}{\mathbf{N}_{t,\mathbf{x}}^{\mathbf{u}}} = \begin{bmatrix} N_{1,t,\mathbf{x}}^{\mathbf{u}} \\ N_{2,t,\mathbf{x}}^{\mathbf{u}} \\ \vdots \\ N_{\ell,t,\mathbf{x}}^{\mathbf{u}} \end{bmatrix}$ は，強度 $\lambda_j(t, \mathbf{x}, \mathbf{u}_t)$ を持つ 2 重確率ポアソン

過程 $N_{j,t,\mathbf{x}}^{\mathbf{u}}, (j = 1, \ldots, \ell)$ からなる ℓ 次元確率ベクトルで，$\mathbf{Y} = \{\mathbf{Y}_i\}_{i \in \mathbb{N}}$.

$$\mathbf{Y}_i_{(\ell \times 1)} = \begin{bmatrix} Y_{1,i} \\ Y_{2,i} \\ \vdots \\ Y_{\ell,i} \end{bmatrix}$$ は，ジャンプ・サイズ γ をドライブする確率ベクトルで各

$j\,(=1,\dots,\ell)$ に対して $Y_{j,i} \sim F_j$ i.i.d.[*5)] で $\mathbf{N}$ に独立とします．さらに行列 γ の j 番目の列ベクトル $\gamma_{\cdot j}$ は以下のように書けるとします．

$$\gamma_{\cdot j}(t,\mathbf{x},\mathbf{Y},\mathbf{N}_{t-},\mathbf{u})_{(m\times 1)} := \tilde{\gamma}_j(t,\mathbf{x},Y_{j,1+N_{j,t-}},\mathbf{u})_{(m\times 1)} \tag{8.60}$$

値関数 $H: \mathbb{R}^m \to \mathbb{R}$ は以下のとおりです．

$$H(\underset{(m\times 1)}{\mathbf{x}}) = \sup_{\mathbf{u}\in\mathcal{A}} \mathbb{E}\left[G(\underset{(m\times 1)}{\mathbf{X}_T^{\mathbf{u}}}) + \int_0^T F(s, \underset{(m\times 1)}{\mathbf{X}_s^{\mathbf{u}}}, \underset{(p\times 1)}{\mathbf{u}_s})ds \right] \tag{8.61}$$

ここで $G: \mathbb{R}^m \to \mathbb{R}$ は終端報酬関数，$F: \mathcal{T} \times \mathbb{R}^{m+p} \to \mathbb{R}$ は途中経過のペナルティまたは報償を表す関数です．今，

$$H^{\mathbf{u}}(t,\mathbf{x}) := \mathbb{E}\left[G(\mathbf{X}_T^{\mathbf{u}}) + \int_t^T F(s,\mathbf{X}_s^{\mathbf{u}},\mathbf{u}_s)ds \mid \mathbf{X}_t^{\mathbf{u}} = \mathbf{x} \right] \tag{8.62}$$

$$H(t,\mathbf{x}) := \sup_{\mathbf{u}\in\mathcal{A}_{t,T}} H^{\mathbf{u}}(t,\mathbf{x}) \tag{8.63}$$

とおくと

$$H(\mathbf{x}) = H(0,\mathbf{x}) \tag{8.64}$$

となりますので，8.2 節と同様に関数 $H: \mathcal{T} \times \mathbb{R}^m \to \mathbb{R}$ に対して

$$\begin{aligned}
\underset{(1\times 1)}{\mathcal{L}_{t,\mathbf{x}}^{\mathbf{u}} H(t,\mathbf{x})} &:= \underset{(1\times m)}{(\mu(t,\mathbf{x},\mathbf{u}))^T} \underset{(m\times 1)}{\frac{\partial}{\partial \mathbf{x}} H(t,\mathbf{x})} \\
&\quad + \frac{1}{2}\mathbf{Tr}\left(\underset{(m\times n)}{\sigma(t,\mathbf{x},\mathbf{u})}\underset{(n\times m)}{(\sigma(t,\mathbf{x},\mathbf{u}))^T} \underset{(m\times m)}{\frac{\partial^2}{\partial \mathbf{x}\partial \mathbf{x}^T} H(t,\mathbf{x})} \right) \\
&\quad + \sum_{j=1}^{\ell} \lambda_j(t,\mathbf{x},\mathbf{u})\mathbb{E}\left[H(t,\mathbf{x} + \underset{(m\times 1)}{\tilde{\gamma}_j(t,\mathbf{x},Y_j,\mathbf{u})}) - H(t,\mathbf{x}) \right]
\end{aligned}$$
$$\tag{8.65}$$

[*5)] 独立同分布 (independent and identical distribution) の略です．

とおきます. ただし $Y_j \sim F_j$ で期待値計算はこの確率変数に関して行っています. すると

$$\frac{\partial}{\partial t}H(t,\mathbf{x}) + \sup_{\mathbf{u}\in[0,\infty)^m}\left(\mathcal{L}_{t,\mathbf{x}}^{\mathbf{u}}H(t,\mathbf{x}) + F(t,\mathbf{x},\mathbf{u})\right) = 0, \quad H(T,\mathbf{x}) = G(\mathbf{x}) \tag{8.66}$$

が m 次元の Hamilton-Jacobi-Bellmann 方程式で, その解は

$$H(\mathbf{x}) = H(0,\mathbf{x}) \tag{8.67}$$

を満たします.

8.5 ダーク・プールを用いた最適流動化問題

ここまでの議論では, トレーダーは自分が取引しようとする市場の板情報を観察できるとしてきました. このような市場をリット市場 (lit market) と呼びます. これに対してダーク・プール (dark pool) と呼ばれる市場が存在し, そこでは, トレーダーは, 板情報はおろか最良売り気配も最良買い気配も見ることができません. したがって指値注文はできません. ダーク・プール内で売り買いの注文がマッチしたときは, 他のベンチマーク市場 (リット市場) の仲値で取引を成立させます. その結果, 一時的市場インパクトは存在しなくなります. これは, 特に大量注文を出す顧客には魅力的で, 彼らは市場インパクトを気にせずに発注できるダーク・プールを利用するようになります.

本節では, トレーダーがリット市場に加えてダーク・プールでも取引ができる場合の最適流動化問題を考察します.

制御過程としては, リット市場の流動化速度 u_t の他に, ダーク・プールに置いている注文の残数 [6] を表す y_t も新たに加わります. これらをひとつのベクトルで表し $\mathbf{u}_t := \begin{bmatrix} u_t \\ y_t \end{bmatrix}$ とします.

---

[6] ダーク・プールに発注した注文は, リット市場の成行注文とは異なり, マッチングできる反対方向の注文が届くまで約定されずにダーク・プールに残ることになります. これらの売れ残りと新たな注文の合計が y_t です.

つぎにダーク・プールでは反対方向の注文は強度 λ を持つポアソン過程 $N := \{N_t\}_{t\in\mathcal{T}}$ で到着し，さらにそうやって i 番目に到着した注文は ξ_i の株数であるとします．このとき $\{\xi_i\}_{i\in\mathbb{N}}$ は $\xi_i \sim F$ i.i.d. で N に独立な確率変数列とします．すると在庫過程 $Q_t^{\mathbf{u}}$ のダイナミクスは以下の式で表現できます．

$$dQ_t^{\mathbf{u}} = -u_t dt - (y_t \wedge \xi_{1+N_{t-}})dN_t \tag{8.68}$$

ここでダーク・プールに発注をしたときには，常に先頭に並ぶと仮定します．つまり，反対方向から到着した注文は最初からすべて約定に使われるとします．すると現金過程は以下のようになります．

$$dX_t^{\mathbf{u}} = (S_t^{\mathbf{u}} - f(u_t))u_t dt + S_t^{\mathbf{u}}(y_t \wedge \xi_{1+N_{t-}})dN_t \tag{8.69}$$

したがって $\mathbf{X}_t^{\mathbf{u}} := \begin{bmatrix} X_t^{\mathbf{u}} \\ S_t^{\mathbf{u}} \\ Q_t^{\mathbf{u}} \end{bmatrix}$ とおくと (8.69)，(8.2)，(8.3) と (8.68) より

$$d\mathbf{X}_t^{\mathbf{u}} = \mu(t, \mathbf{X}_t^{\mathbf{u}}, \mathbf{u}_t)dt + \sigma(t, \mathbf{X}_t^{\mathbf{u}}, \mathbf{u}_t)dW_t + \gamma(t, \mathbf{X}_t^{\mathbf{u}}, \xi_{1+N_{t-}}, \mathbf{u}_t)dN_t, \quad \mathbf{X}_0^u = \begin{bmatrix} x_0 \\ s_0 \\ q_0 \end{bmatrix} \tag{8.70}$$

ただし

$$\mu(t, \begin{bmatrix} x \\ s \\ q \end{bmatrix}, \begin{bmatrix} u \\ y \end{bmatrix}) := \begin{bmatrix} (s - f(u))u \\ -g(u) \\ -u \end{bmatrix} \tag{8.71}$$

$$\sigma(t, \begin{bmatrix} x \\ s \\ q \end{bmatrix}, \begin{bmatrix} u \\ y \end{bmatrix}) := \begin{bmatrix} 0 \\ \sigma \\ 0 \end{bmatrix} \tag{8.72}$$

$$\gamma(t, \begin{bmatrix} x \\ s \\ q \end{bmatrix}, \xi, \begin{bmatrix} u \\ y \end{bmatrix}) := \begin{bmatrix} s(y \wedge \xi) \\ 0 \\ -(y \wedge \xi) \end{bmatrix} \tag{8.73}$$

ここで $\mathbf{x} := \begin{bmatrix} x \\ s \\ q \end{bmatrix}$, $\mathbf{u} := \begin{bmatrix} u \\ y \end{bmatrix}$ として (8.71), (8.72) および (8.73) を (8.65) に 代入すると

$$
\mathcal{L}_{t,\mathbf{x}}^{\mathbf{u}} H(t,\mathbf{x}) = (\mu(t,\mathbf{x},\mathbf{u}))^T \frac{\partial}{\partial \mathbf{x}} H(t,\mathbf{x})
$$
$$
+ \frac{1}{2} \mathbf{Tr}\Big(\sigma(t,\mathbf{x},\mathbf{u}))(\sigma(t,\mathbf{x},\mathbf{u}))^T \frac{\partial^2}{\partial \mathbf{x} \partial \mathbf{x}^T} \Big) H(t,\mathbf{x})
$$
$$
+ \lambda \, \mathbb{E}\big[H(t, \mathbf{x} + \gamma(t,\mathbf{x},\xi,\mathbf{u})) - H(t,\mathbf{x}) \big]
$$
$$
= \begin{bmatrix} (s-f(u))u \\ -g(u) \\ -u \end{bmatrix}^T \begin{bmatrix} \frac{\partial}{\partial x} \\ \frac{\partial}{\partial s} \\ \frac{\partial}{\partial q} \end{bmatrix} H(t,\mathbf{x})
$$
$$
+ \frac{1}{2} \mathbf{Tr}\left(\begin{bmatrix} 0 \\ \sigma \\ 0 \end{bmatrix} \begin{bmatrix} 0 \\ \sigma \\ 0 \end{bmatrix}^T \begin{bmatrix} \frac{\partial^2}{\partial x^2} & \frac{\partial^2}{\partial x \partial s} & \frac{\partial^2}{\partial x \partial q} \\ \frac{\partial^2}{\partial s \partial x} & \frac{\partial^2}{\partial s^2} & \frac{\partial^2}{\partial s \partial q} \\ \frac{\partial^2}{\partial q \partial x} & \frac{\partial^2}{\partial q \partial s} & \frac{\partial^2}{\partial q^2} \end{bmatrix} \right) H(t,\mathbf{x})
$$
$$
+ \lambda \, \mathbb{E}\left[H\left(t, \begin{bmatrix} x + s(y \wedge \xi) \\ s \\ q - (y \wedge \xi) \end{bmatrix} \right) - H\left(t, \begin{bmatrix} x \\ s \\ q \end{bmatrix} \right) \right]
$$
$$
= \left((s-f(u))u \frac{\partial}{\partial x} - g(u) \frac{\partial}{\partial s} - u \frac{\partial}{\partial q} + \frac{1}{2} \sigma^2 \frac{\partial^2}{\partial s^2} \right) H(t,\mathbf{x})
$$
$$
+ \lambda \, \mathbb{E}\left[H\left(t, \begin{bmatrix} x + s(y \wedge \xi) \\ s \\ q - (y \wedge \xi) \end{bmatrix} \right) - H\left(t, \begin{bmatrix} x \\ s \\ q \end{bmatrix} \right) \right] \tag{8.74}
$$

ただし $\xi \sim F$.

つぎに値関数は (8.9) と (8.10) より

$$
H^{\mathbf{u}}(t,\mathbf{x}) := \mathbb{E}\left[X_T^{\mathbf{u}} + Q_T^{\mathbf{u}} \varrho(S_T^{\mathbf{u}}, Q_T^{\mathbf{u}}) - \int_t^T \varphi(Q_r^{\mathbf{u}}) dr \mid \mathbf{X}_t^{\mathbf{u}} = \mathbf{x} \right]
$$
$$
= \mathbb{E}\left[G(\mathbf{X}_T^{\mathbf{u}}) + \int_t^T F(r, \mathbf{X}_r^{\mathbf{u}}, \mathbf{u}_r) dr \mid \mathbf{X}_t^{\mathbf{u}} = \mathbf{x} \right] \tag{8.75}
$$
$$
H(t,\mathbf{x}) := \sup_{\mathbf{u} \in \mathcal{A}} H^{\mathbf{u}}(t,\mathbf{x}) \tag{8.76}
$$

ただし

$$G\left(\begin{bmatrix} x \\ s \\ q \end{bmatrix}\right) := x + q\varrho(s,q), \quad F\left(t, \begin{bmatrix} x \\ s \\ q \end{bmatrix}, \begin{bmatrix} u \\ y \end{bmatrix}\right) := -\varphi(q) \tag{8.77}$$

すると (8.74) より，(8.43) を仮定すると HJB 方程式 (8.66) はつぎのようになります．

$$
\begin{aligned}
0 =\ & \frac{\partial}{\partial t} H(t, \mathbf{x}) \\
& + \sup_{\mathbf{u} \in \mathcal{A}} \left\{ \left((s - f(u_t))u_t \frac{\partial}{\partial x} - g(u_t)\frac{\partial}{\partial s} - u_t \frac{\partial}{\partial q} + \frac{1}{2}\sigma^2 \frac{\partial^2}{\partial s^2} \right) H(t, \mathbf{x}) \right. \\
& \left. + \lambda \mathbb{E}\left[H\left(t, \begin{bmatrix} x + s(y_t \wedge \xi) \\ s \\ q - (y_t \wedge \xi) \end{bmatrix}\right) - H\left(t, \begin{bmatrix} x \\ s \\ q \end{bmatrix}\right) \right] - \varphi(q) \right\} \\
=\ & \left(\frac{\partial}{\partial t} + \frac{1}{2}\sigma^2 \frac{\partial^2}{\partial s^2} \right) H(t, \mathbf{x}) - \varphi(q) \\
& + \sup_{u_t} \left\{ \left((su_t - ku_t^2)\frac{\partial}{\partial x} - bu_t \frac{\partial}{\partial s} - u_t \frac{\partial}{\partial q} \right) H(t, \mathbf{x}) \right\} \\
& + \lambda \sup_{y_t \le q} \mathbb{E}\left[H\left(t, \begin{bmatrix} x + s(y_t \wedge \xi) \\ s \\ q - (y_t \wedge \xi) \end{bmatrix}\right) - H\left(t, \begin{bmatrix} x \\ s \\ q \end{bmatrix}\right) \right]
\end{aligned}
\tag{8.78}
$$

また境界条件は (8.6) を使って

$$H(T, \mathbf{x}) = x + sq - \rho q^2 \tag{8.79}$$

ここで (8.78) の最初の sup の中身を最大にする u_t は (8.45) と同じ以下の式になります．

$$u_t^* = \frac{\left\{ s\frac{\partial}{\partial x} - b\frac{\partial}{\partial s} - \frac{\partial}{\partial q} \right\} H}{2k\frac{\partial H}{\partial x}} \tag{8.80}$$

つぎに境界条件 (8.79) を 8.3 節で行ったのと同様の方法で考察すると，値関数が手持ちの現金 x と残りの在庫 q の市場価値 sq および流動化の戦略によっ

て決まる補正金額 $-\rho q^2$ からなっていることがわかるので，$t \in [0, T]$ に対して
値関数 $H(t, \mathbf{x})$ が以下のような形をしていると仮定します．

$$
H\left(t, \begin{bmatrix} x \\ s \\ q \end{bmatrix}\right) = x + sq + h(t, q) \tag{8.81}
$$

ただし $h(t, q)$ は x や s には依存しない関数で

$$
h(T, q) = -\rho q^2 \tag{8.82}
$$

を満たします．すると

$$
\frac{\partial H}{\partial t} = \frac{\partial h}{\partial t}, \quad \frac{\partial H}{\partial x} = 1, \quad \frac{\partial H}{\partial s} = q, \quad \frac{\partial H}{\partial q} = s + \frac{\partial h}{\partial q}, \quad \frac{\partial^2 H}{\partial s^2} = 0 \tag{8.83}
$$

(8.83) を (8.80) に代入すると

$$
u_t^* = -\frac{1}{2k}\left(bq + \frac{\partial h}{\partial q}\right) \tag{8.84}
$$

したがって (8.78) に，(8.83)，(8.84)，それに (8.79) を代入すると以下の方程
式が得られます．

$$
\begin{aligned}
0 = {} & \frac{\partial}{\partial t}h(t, q) + \frac{1}{4k}\left(bq + \frac{\partial}{\partial q}h(t, q)\right)^2 - \varphi(q) \\
& + \lambda \sup_{y_t \le q} \mathbb{E}\Big[h\big(t, q - (y_t \wedge \xi)\big) - h\big(t, q\big)\Big]
\end{aligned} \tag{8.85}
$$

方程式 (8.85) を解いて最適解 $\mathbf{u}_t^* := \begin{bmatrix} u_t^* \\ y_t^* \end{bmatrix}$ を具体的に求めるには，確率過程
$\{\xi_t\}_{t \in \mathcal{T}}$ に関して何らかの前提条件が必要になります．

ここでは簡単のために，y_t の値はダーク・プールに届く他の買い注文に比べ
て十分に小さく，(約定するときには) すべて一度に約定すると仮定します．す
なわち

$$
y_t \le \xi_{1 + N_{t-}} \tag{8.86}
$$

すると (8.85) の最後の項は以下のようになります．

$$
\lambda \sup_{y_t \le q} \mathbb{E}\Big[h\big(t, q - (y_t \wedge \xi)\big) - h(t, q)\Big] = \lambda \sup_{y_t \le q} \Big(h\big(t, q - y_t\big) - h(t, q)\Big) \tag{8.87}
$$

96   8. 戦　　　略

さらに関数 $h(t, q)$ は以下のような q に関する 2 次関数であると仮定します.

$$h(t, q) := h_2(t)q^2 + h_1(t)q + h_0(t) \tag{8.88}$$

(8.82) より

$$h_2(T) = -\rho, \; h_1(T) = h_0(T) = 0 \tag{8.89}$$

これを使うと (8.87) はさらに簡単になります.

$$\lambda \sup_{y_t \le q} \mathbb{E}\Big[h\big(t, q - (y_t \wedge \xi)\big) - h(t, q)\Big] = \lambda \sup_{y_t \le q} \Big(h_2 y_t^2 - (2qh_2 + h_1)y_t\Big) \tag{8.90}$$

なお, h_i は $h_i(t)$ の省略形です.

(8.90) の sup の中は y_t の 2 次式であり, かつ $h_2(t)$ は売れ残っている株式に対するペナルティなので負と考えてよいので sup を実現する最適解 y_t^* は以下で与えられます.

$$y_t^* := q + \frac{h_1}{2h_2} \tag{8.91}$$

ただし $h_1(t) \ge 0$ とします. したがって

$$\lambda \sup_{y_t \le q} \mathbb{E}\Big[h\big(t, q - (y_t \wedge \xi)\big) - h(t, q)\Big] = -\lambda h_2 \Big(q + \frac{h_1}{2h_2}\Big)^2 \tag{8.92}$$

(8.85) に (8.92) と (8.8) を代入し整理します.

$$\begin{aligned}
0 = & \left\{ \frac{dh_2}{dt} + \frac{1}{4k}\big(b + 2h_2\big)^2 - \phi - \lambda h_2 \right\}q^2 \\
& + \left\{ \frac{dh_1}{dt} + \frac{1}{2k}\big(b + 2h_2\big)h_1 - \lambda h_1 \right\}q \\
& + \left\{ \frac{dh_0}{dt} + \frac{1}{4k}h_1^2 - \frac{\lambda h_1^2}{4h_2} \right\}
\end{aligned} \tag{8.93}$$

これを任意の q で成立させるには以下の 3 本の微分方程式を解く必要があります.

$$0 = \frac{dh_2}{dt} + \frac{1}{k}h_2^2 + \Big(\frac{b}{k} - \lambda\Big)h_2 + \frac{b^2}{4k} - \phi \tag{8.94}$$

$$0 = \frac{dh_1}{dt} + \Big(\frac{1}{k}\Big(\frac{b}{2} + h_2\Big) - \lambda\Big)h_1 \tag{8.95}$$

$$0 = \frac{dh_0}{dt} + \frac{1}{4}\Big(\frac{1}{k} - \frac{\lambda}{h_2}\Big)h_1^2 \tag{8.96}$$

ここで (8.95) は h_1 の線型微分方程式ですが，$h_1(T) = 0$ であることを思い出すと $h_1 \equiv 0$ が言えます [*7]．これを (8.96) に適用すると $h_0 \equiv 0$ も言えます．

この段階で (8.91) より

$$y_t^* = q \tag{8.97}$$

が言えます．つまり流動化したいすべての残りの注文をとりあえずダーク・プールに発注するのが最適だということになります．これはダーク・プールに出した注文が (約定されるときには) すべて約定するという前提条件 (8.86) を考えれば，納得がいくものです．

残った問題はリッカチ型方程式 (8.94) を解いて h_2 を確定させることですが，これは付録 D を使って以下のように解きます．すなわち

$$\zeta_{DP}^{\pm} := \frac{1}{2}\Big(-b + k\lambda \pm \sqrt{-2bk\lambda + k^2\lambda^2 + 4k\phi}\Big) \tag{8.98}$$

および

$$\chi_{DP}(t) := \frac{\zeta_{DP}^+ + \rho}{\zeta_{DP}^- + \rho} e^{\sqrt{-\frac{2b\lambda}{k} + \lambda^2 + \frac{4\phi}{k}}(T-t)} \tag{8.99}$$

とおくと

$$h_2(t) = \frac{\zeta_{DP}^+ - \zeta_{DP}^- \chi_{DP}(t)}{1 - \chi_{DP}(t)} \tag{8.100}$$

となって h_2 が決まります．

最後に (8.52) を (8.100) および (8.98) を使って最適流動化過程が得られます．

$$u_t^* = -q\sqrt{-\frac{b\lambda}{2k} + \frac{\lambda^2}{4} + \frac{\phi}{k}} \frac{1 + \chi_{DP}(t)}{1 - \chi_{DP}(t)} \tag{8.101}$$

問 8.4 ダーク・プールにまったく買い注文が届かない場合，つまり $\lambda = 0$ のときには，(8.101) で得られた u_t^* が 8.3 節で得られた (8.57) と一致することを確認しなさい．

[*7] $\frac{du}{dt} + \beta u = 0$ の解は $u(t) = u(T)\exp\big\{\int_t^T \beta(s)ds\big\}$ でした．

9

取引ロボット

　取引戦略の策定がひとまず完了したなら，次はそれをコンピュータ・プログラム (コード (code) と呼ぶこともあります) に落とし，システムとして動くようにしなくてはなりません．できあがったシステム (あるいはコード) は，通信回線で繋がった市場を相手に自分自身で判断しながら取引を行っていくので，取引ロボット (trading robot) または単にボット (bot) と呼ばれることがあります．このようなロボットは，過去データに対するバックテストに利用することもありますが，基本的にはリアル・タイムの取引を行うため必然的に，十分な発注速度と取引所からのシグナルに対するすばやい反応，そして事故に対する堅牢性などが要求されます．

　本章では，今後市場でますます存在感を増していくことが確実なこのような取引ロボットの設計と実装，さらにそれらと関連させたバックテスト機能について考察します．

9.1　取引ロボットが留意すべき点

9.1.1　スピード

　たとえばアルファを探索するときには，調整したモデルに対してテスト期間の過去データ (in-sample data) でフィッティングさせ，そこで得たパラメタで調整したモデルの性能をテスト期間とは別にとっておいた過去データ (out-of-sample data) で調べるという操作を繰り返します．こうした統計処理の計算時間は，もちろん短いに越したことはないですが，スピードそれ自体はミッション・クリティカルな要素ではありません．しかし，リアル・タイムで動いてい

る市場を相手に取引する場合には，処理速度は決定的に重要な要素となります．これがリサーチとトレーディングで使うソフトウェアの本質的な違いです．本章では，この点に特に留意しながら，主にトレーディング・システムについて解説します．

9.1.2 堅　牢　性

自動取引システム (=取引ロボット) は，人手を借りずに高速に取引を行います．ロボットが利潤を生み出し続ける限り，それは利益製造機 (profit generator) として自動的にお金を生む金の卵となります．しかし，一旦予期せぬ事態に直面し，それに対する対応が不適切なものであると，自動機械はつぎつぎと損失を生み続けることになります．一般に，システム構築時に予想していたシナリオの範囲で市場が動いてくれている間は地道にコツコツと利益を積み上げていきますが，ひとたび不測の事態が発生すると，一瞬にして莫大な損失が発生します．この非対称性ゆえ，想定外をなくすことが極めて重要になるのです．

とは言っても，外生的にせよ内生的にせよ，予期せぬことは起こり得ます．だからシステムを構築する際には，予期せぬことは起こるという前提で設計を進めていかなくてはなりません．

たとえば，システムの一部または全部がダウンすることもあります．このときに重要なのが，ダウン直前の状態に速やかに復帰する，いわゆるリカバリです．このようなリカバリを可能にするためには，十分なログ・ファイルを安全に保持し続けることが必要です．さらにそのようなログは，複数のデータベースに保存しておくことが大切です．

堅牢性は，取引ロボット単体だけの問題ではありません．たとえば，市場に向けて注文を送出した直後に取引ロボットが落ちた場合には，その後取引所から届いた確認 (acknowledge) や約定の通知を受信しそこねることがあります．この場合，(後述する) 社内のいくつものレイヤのなかのどこかに残っている未到達の通知を収集し，再度立ち上がったロボットに送り込む作業が必要になります．こういった作業を速やかに行うには，回収した通知データをロボットが理解できる書式に変換する小さな道具などが準備されていなくてはいけません．

システムが落ちないまでも，誤った判断をしてしまうと損失発生の原因になります．この問題を予防するには，2重システムと正気テストが重要です．

データの取得，計算方法など，判断の基準となる機能は，可能ならばすべて2種類以上の方法で行うべきです．たとえば，市場データである株価指数を取得する場合，取引所から送られてくる指数データだけでなく，各個別銘柄の価格をもとにシステム内部で計算したデータの2種類を使うべきです．そしてこれら2種類のデータから得られる値をリアル・タイムで比較し，異常な乖離があった場合には，システム全体にアラートを出します．

システム内部の各プロセスも，常に正常に動いているかチェックしなくてはいけません．たとえば，各プロセスの鼓動 (heart beat) をモニターしていて，予期せぬ機能停止がないかどうかを調べる必要があります．こうしたテストは，正気テスト (sanity check) と呼ばれ，システムの堅牢性を保つ上で大変大きな要素です．

さらに，これは オペレーションの問題ですが，2重システムや正気テストが，異常を認識したならば，速やかにシステムを停止し，問題の原因がはっきりして対処方法が決まるまで再起動を控えなくてはいけません．市場が激しく動いているなかで，取引機会を失うことになるこのような行為を行うことは現場のトレーダーにとっては大変勇気のいることですが，アルゴリズム取引では，人間が関与するこの手続きは絶対に省いてはいけません．

9.2 使用する言語と実装方法

この節では，自動取引ロボットをどのような開発環境で作るかについて考察します．

9.2.1 言　　　語

9.1.1 節で述べたように，取引ロボットの命は，その高速性にあります．これを実現するためには，その心臓部の記述は Perl や Python のようなインタープリタ言語では無理ですし，まして R や Matlab のような統計処理言語では不可能です．すると機械語まで落とせる汎用のコンパイラ言語を使うことにな

9.2 使用する言語と実装方法　101

りますが，そうすると昨今では C か C++ ということになります.

またコードの規模は 10 万行を超えることもザラなので，大規模なソフトウェ
ア開発に向いたオブジェクト指向なプログラミング言語ということで，ほぼ
C++一択ということになります[31)27)].

9.2.2　ラ イ ブ ラ リ

使用するライブラリは，一般的な方から順に以下のようになります.

1）ISO standard C++ library[*1)]

2）Boost library[*2)]

3）Firm library

4）Homemade library

Firm library は，社内だけで流通する C++ライブラリです．これは，標準
ライブラリや Boost がサポートする領域も，社内向けに上書きするような部分
もありますが，何よりも便利なのは，社内のインフラのプロトコルに対する統
一的なインターフェイスを与えている点です．9.4 節でも述べますが，取引ロ
ボットはこのような社内インフラに乗っかる形で実装するので，こういう環境
が整備されているのは有益です.

またこのライブラリは，社内の他のプロセスとのプロセス間通信やマルチ・
タスク処理の標準化にも貢献していることがあります.

Homemade library は，(使用ルールを厳密にすることで) 軽く (したがって
高速で実行する) かつ安全性を両立させたライブラリで，他の競争相手と差別
化するのに有効です.

たとえば，C/C++ ではメモリにアクセスするのにポインタを多用しますが，
これの扱いはスピードに影響します．昔ながらの C では，裸のポインタを使い，
とんでもないアドレスをアクセスしようとしてプログラムが即死するというこ
とがよくありました．また同じ構造体を指しているふたつのポインタで別々に

[*1)]　https://isocpp.org,　http://www.open-std.org/jtc1/sc22/wg21/

[*2)]　http://www.boost.org

デストラクタを呼び死んでしまうということもありました.

こうした問題を避けて安全にポインタを使うために, C++の (高級な) ライブラリだと裸のポインタではなくて一枚皮を被せたいわゆるスマート・ポインタを使うのが普通です. これにより安全性は格段に高まりましたが, 若干のメモリと計算時間の増加を対価として支払うことになりました.

スピードを少しでも速くしたいと思うと, こうしたところにも手を入れます. 特に単純だが巨大なデータを大量にリンクの形などで保持するときには, ちりも積もれば山となる効果が現れてきます. たとえば, オブジェクト stock_map を定義するときに, 以下のように記述することになります.

```
typedef stock_map* stock_map_ptr;
```

または

```
typedef boost::shared_ptr<stock_map> stock_map_ptr;
```

ちなみに C++17 では

```
category stock_map_ptr = stock_map*;
```

または

```
category stock_map_ptr = boost::shared_ptr<stock_map>;
```

となります.

同様に, リンク構造なども, C++の標準ライブラリでは, ダブル・リンクを使って実装されていますが, これを低機能ですがより軽いシングル・リンク構造にして実現したりもします.

もちろん, このような低レベルでの高速化を図る homemade library は安全性の面で問題が発生しがちですが, たとえば, 直接裸のポインタを使ったりせず, ある種のマクロを使って記述したものを, 独自の前処理プログラム (preprocessor) を通すことで間違いを減らしつつ裸のポインタを使ったコードに変換し, 安全性を担保するという方法があります.

9.2.3 クラス階層など

(C++のような) オブジェクト指向言語では, 何をオブジェクトにするかが重要です. これはたとえば以下のようなクラスの階層化の設計にあたります.

9.3 戦略記述言語の設計 103

- Security
  - Currency
  - Derivatives
    * Future
    * Option
  - Index
  - Stock
- Order
  - SmartOrder

また 9.3 節で述べる戦略記述言語を搭載するならば，コンパイラ構築の道具が必要になります．かなり古典的ですが flex と bison は，いまだに有効です．

9.3 戦略記述言語の設計

ユーザごと戦略ごとの適応の容易さを実現するひとつの答えが独自言語の利用です．このような言語は，その性格上戦略記述言語 (strategy description language; SDL) と呼べるでしょう．本節ではこの SDL の要件を考えることにします．

9.3.1 トレーダーとの相性

SDL はトレーダーが使用する言語です．したがって，過度にハイブローだったり低レベルの house keeping code などを要求するようでは困ります．彼らとの相性を考えると，彼らが日常に使っている Perl などに似た script 言語が適当でしょう．また，ポートフォリオを表現するためにはベクトルや行列演算を primitive に使えること，さらに市場データへのアクセスが容易にできることが肝要です．

たとえば，以下のような文法が考えられます．

```
stockvector stock("allstocks");
...
vector mp = stock.mp # make a snapshot
```

数値ベクトル mp は，この文が実行された時点で撮られた市場の snapshot が評価されて代入されます．

9.3.2 オブジェクト指向

SDL のスクリプトのなかにグラフィック利用者界面 (graphic user interface; GUI) のデザインも一緒に書けると嬉しいでしょう．あるいは，表示データのみパブリッシュして，別プロセスの viewer でそれを拾って観察する，という方法も考えられます．

GUI の他にも，市場データや取引所とのやりとりなど，各種シグナルに応じて，何らかのアクションを実行することを < trigger, action > のペアで記述できるとわかりやすいでしょう (イベント・ドリブン)．このとき trigger を発生させる対象をオブジェクト [*3] とし，それに対するアクションをそのオブジェクトのメソッドとして記述するのは自然です．また他のツールとの相性からも，オブジェクト指向プログラミング [*4] が自然にできることが望ましいです．以下にいくつかの例を示します．

ひとつめの例は，戦略記述言語で書いた，ニューヨークの株の集合 (ユニバースと呼ぶことがあります) stock に対応するふたつのベクトルを作成する以下のコードです．

```
stockvector stock("allstocks");

# OTCを使えるかどうか？
vector otc(ns); # boolean vector
if (newyork?) {
  for (stock) { |se|
    primary[stock] = se.primary_exch.name;
    otc[stock] = true if (se.nasdaq?);
  }
}
```

stock の各要素である株 se がオブジェクトとして捉えられ，その株の主要取引所 (primary exchange) の名前 se.primary_exch.name のベクトル primary と NASDAQ 銘柄かどうかを示す論理値ベクトル otc を作成しています．

[*3] どのように操作されるべきかを自分自身で知っているデータをオブジェクト (object) と呼びます．

[*4] オブジェクトを中心に据えたプログラミング手法です．

9.3 戦略記述言語の設計

つぎのコードは株式先物のユニバース future に関する処理ですが，やはり個々の先物 fu がオブジェクトとして捉えられている雰囲気がわかるでしょう．

```
scalar otherfutmult = 0;
scalar otherfutnum = -1;
if (newyork?) {
  for (future) { |fu|
    scalar t2e = fu.time_to_exp;
    string under = fu.underlying_sym;
    if (under != "EURO" && t2e == best_time && future !=
        hedgefutnum) {
      otherfutmult = fu.mult;
      otherfutnum = future;
    }
  }
}
```

つぎのコードでは株 se を bss で指定した売買方向で発注した各注文 ord をオブジェクトとして捉え，それらが全約定されているかどうかのチェックをしています．

```
scalar goodsize = 0;
Order.foreach(se, bss) { |ord|
  scalar c_pr = ord.cur_pr;
  scalar c_qu = ord.cur_qu;
  ord.close if (c_qu - ord.filled_qu <= 0);
  if (ord.creator == traderid()) {
    goodsize += ord.rem_qu;
  }
  if (bss == cond_sell) {
    sellshares += ord.rem_qu;
  }
}
```

最後の例であげた市場に送出した注文 ord に対しては，約定が返ってきたかどうかをきちんと把握しておかなければいけません．つまり時刻 t_0 に送出した注文が現時点 t までにどれだけ約定したかを記録していなくてはなりません．さらに 2.7 節でもみたように，送出されたときのトリガーであるアルファの賞味期限を s とすると $t - t_0 > s$ となったならば取り消さなければいけません．

このような操作を自分自身で知っているオブジェクトとして注文を扱えるようにしたものをスマート・オーダー (smart order) と呼ぶことにしましょう．これを C++ で記述しようとすると，たとえばつぎのような感じになるでしょう．

```
class SmartOrder : public list<CondAct> {
public:
  SmartOrder(const OrderCondition& ocond_, Price price_,
             Quantity quantity_) :
    _ocond(ocond_), _orig_price(price_),
    _orig_quantity(quantity_), _cur_quantity(quantity_),
    _state(SO_NotPlaced) {}
  ~SmartOrder();

  bool set_condact(const Condition& precond_,
                   const Action& act_) {
    CondAct ca(preCond_, act_);
    if (!ca.well_defined()) return false
    append(ca);
    __event_manager->add(ca);
    return true;
  }

  bool place() { ; // 発注します
    __order_manager->send_neworder(this);
    _state = SO_Placed;
  }

  void got_execution(Quantity q_) { // q_ だけ約定されました
    if ((_cur_quantity -= q_) <= 0.0) _state = SO_Closed;
  }

  void cancel() { // 未約定の文をすべて取り消します
    __order_manager->send_cancelorder(this);
    _state = SO_Closed;
  }

  const OrderState& state() const { return _state; }
  Price cur_quantity() const { return _cur_quantity; }
private:
  OrderCondition _ocond;
  Price _orig_price;
  Quantity _orig_quantity;
  Quantity _cur_quantity;

public:
  enum OrderState {
    SO_NotPlaced, SO_Placed, SO_Closed
  };
private:
  OrderState _state;
};

extern EventManagerPtr __event_manager;
```

```
extern OrderManagerPtr __order_manager;
```

9.4 インフラストラクチャとデータベース

　一般的に取引ロボットは，直接市場とつながっているわけではなく，社内の
インフラを通して外部と接続します．社内の IT チームが用意してくれるこう
したインフラは，取引ロボットの開発環境の一部でもあります．

　本節では，このインフラの要素をひとつずつみていきます．

9.4.1 市場データ
　1 本または複数のラインを通して取引所から届く市場データが firm に届く
と，それはいくつかのレイヤを通過して取引ロボットに到達します．

　各レイヤ間のプロトコルは，業界標準の **FIX** プロトコル (Financial Infor-
mation eXchange protocol) に皮を被せた仕様になっていることが多いでしょ
う．FIX の例は以下のとおりです [*5]．

```
8=FIX.4.2 | 9=178 | 35=8 | 49=PHLX | 56=PERS |
    52=20071123-05:30:00.000 |
 11=ATOMNOCCC9990900 | 20=3 | 150=E | 39=E | 55=MSFT | 167=
    CS | 54=1 |
 38=15 | 40=2 | 44=15 | 58=PHLX EQUITY TESTING | 59=0 | 47=C
    | 32=0 |
 31=0 | 151=15 | 14=0 | 6=0 | 10=128 |
```

　当然ながら，このインフラは極めて高速にデータを firm の入り口からロボッ
トまで届けることを期待されています．そのためにはホップ数 (間に入るコン
ピュータの数，あるいはプロトコルを解釈する関所の数) が少ないほど嬉しい
わけです．しかし，規制 (regulation) の問題などもあり，なかなかここは政治
的にも難しいところです．

[*5]　http://www.fixtradingcommunity.org

9.4.2 取引所との通信

1) 低レベル・インフラ

ライン制御 (line handlers) とも呼ばれます．取引所からの生のデータを受信し，高レベル・インフラに手渡します．

2) 高レベル・インフラ

ライン制御から受け取ったデータを社内アプリ向け IF (C++ classes IF) として公開します．また，社内クロッシングなどもここで行います (含 Dark Pool).

3) クロッシングは，上記レイヤの他に，取引ロボット同士で行うこともあります．つまり，クロッシング自身にも階層があります (inter-robots, intra-firm).

9.4.3 データベース

現時点までに取り込んだ市場データ，取引所に送出した注文，それに対する約定などのデータ，ロボットが受信/生成したアルファを含むそれ以外のシグナルなどは，すべてデータベースに蓄えられます．これらは，数学的にはフィルトレーションと考えることができます．

もし取引戦略が直前の情報のみによって決まる可予測なマルコフ過程であればデータベースにそれほど気を使う必要はないですが，一般的には戦略はそれまでのすべての履歴に依存すると考えられるので，データベースの設計が重要になります．

データベースは大きく分けて2種類あります．すなわち，実行時のロボットのメモリに置くキャッシュ型と外部に置くタイプです．データベースは，継続性 (persistency) が重要ですが，キャッシュ型はロボットが落ちれば一緒に消えてしまうので，高速ではありますが継続性はなく，リカバリには使えません．一方，外部データベースは，キャッシュほど高速ではないですが，継続性がより高いのでリカバリに必要なログ・ファイルはこちらに格納することになります．このとき，2重システムの考えはここでも重要で，外部データベースも，電気系統的に異なる2箇所以上に同じものを格納しておくべきです．そのうちの

ひとつはおそらく，オンメモリで別プロセスとしてロボットが稼働しているのと同じマシン上に置くことになるでしょう．もちろんこのタイプはマシンを道連れにしてロボットが落ちればやはり継続性がなくなります．また，オンメモリやキャッシュ型のデータベースでは，フル・フィルトレーションを持つか，ある一定期間より古いデータは消していくか，などの判断も必要になります．

　重要なことは，リカバリの際に，ひとつのデータベースを使えば，完全に復元できる，といういわば one-stop 型に設計することです．

　つぎに，これらのデータベースへのアクセスは，subscribe 型と publish 型のものがあります．subscribe 型の場合は，ロボットからはシグナルとして捉えられ，それに対する適当なアクションをロボットがとることになります．また publish によって (ロボット側から) データベースを更新すると，データベースがその情報属性を subscribe している他のロボットに push することで，結果的に inter-robots 通信を実現できます．この通信は broadcast 型でも，購読者を指定した個別型でもよいでしょう．

9.5　アルファ生成器

　リアル・タイムでアルファ・シグナルを生成するアルファ生成器 (alpha generator) は，ロボット内に持ってもよいですが，インフラの通信速度が十分に速いならば，アルファを生成するだけのプロセスを別途走らせることも考えるべきです．特に他に同じ alpha を使うロボットが同じネットワーク上で走っている場合などは，この方法は有効です．

　アルファ生成器を実装する際の難しい点は，十分な速度を出せるかということです．アルファ生成は，ピリオディカルに行うことが多いですが，そのインターバルは HFT の場合には最長でも 1 秒程度です．したがって，その短時間で大量の銘柄のアルファ計算を行わなくてはなりません．

　もし，この限られた時間内で毎回スクラッチからシグナルを生成したのでは，よほどの並列計算をしなくてはたいていは間に合いません．もし，スクラッチからではなく，たとえば直前のアルファあるいはその計算過程に得られた中間

物を利用して，つぎのアルファを計算するという手法が使えれば，計算時間を大きく改善させることができるでしょう．つまりアルゴリズムをある種の漸化式を使うように設計できればよいわけです．

式で表現すると以下のようになります．

● 過去 c 期のデータに基づいて (スクラッチから) 計算する:

$$\alpha_n := f(x_n, x_{n-1}, x_{n-2}, \ldots, x_{n-c+1})$$

● 過去のすべてのデータに基づいて (再帰的に) 計算する:

$$\alpha_n := f(y_n), \text{ ただし } y_n := g(x_n, \lambda^{-1} y_{n-1}) \quad (\lambda > 0 \text{ は減衰率})$$

9.6 リ サ ー チ

前節までに述べてきたことは，ほぼリアル・タイムで取引を行うシステムについてでした．本節では，取引活動を支えるリサーチで使うシステムについて考察します．

9.6.1 シミュレーション

(戦略を組み込んだ) ロボットを実戦に投入する前に，組み込む戦略やそこで使用するアルファはバックテストを行わなければいけません．また，何か取引で問題があったときは，戦略に埋め込まれたパラメタを変えて，もう一度その日の取引を実行させて結果を検証することが必要になることも多いです．

本節では，このようなシミュレーション，あるいはバックテスト (backtesting)について考察します．

アルファを組み込んだ戦略を丸ごとテストするには，実戦に使う (あるいは使う予定の)SDL で書かれたスクリプトをそのまま過去データに対して走らせることができれば一番よいでしょう．このときに使う過去データは 9.4 節で述べたリカバリにも用いるログ・ファイル，あるいは過去のログ・ファイル (historical data) です．

ロボットは，このログ・ファイルと (新しい) アルファ生成器のみを伴って，

基本的にインフラから孤立させてからシミュレーション・モードで走らせます.

たとえば，ロボット ta をコマンド・ラインから起動するとき，起動モードに応じて，以下のような入力を行います.

- 取引モード：
```
$ ta strategy.ta
```

- バックテスト・モード
```
$ zcat hist.log.gz | ta -h strategy.ta
```

ロボットの過去ログ・ファイルが存在しない古い時期に対するバックテスト，あるいは存在しても現在のロボットを駆動させるには不十分なデータのログ・ファイルしか存在しない時期に対するテストを行うときは，ログ・ファイルの生成，または拡張が必要になります．さらに生成，拡張してもなおデータが不十分な場合は，そのようなデータのもとでもテストができるように近似的な振る舞いを行う機能をロボットに組み込むことが必要になります.

ちなみに，もし SDL を使わないで，すべてを C++等で記述したならば，バイナリの種類は，戦略の数の倍だけ必要になり，開発時間やバグの増加に悩まされる可能性があります．つまり，SDL の導入はシミュレーションを行う上でのメリットのひとつになっているわけです.

このようにして用意したバックテストは，通常何日分ものシミュレーションを同時に行いますが，このとき，ネットワークで繋がっているマシンの CPU使用量をみながら，自動的に適切なマシンにプロセスをばら撒いて実行させるためのツールがあると便利です.

なお，シミュレーションにおいては，ログ・ファイルのなかの市場データから作成した LOB に，自らが送出する注文を追加した合成板を使用します.

9.6.2 家事的お仕事

リサーチの仕事は，シミュレーションだけではありません.

日々の取引終了後，あるいはシミュレーション終了後に，ルーチンの統計分析を行い，その結果のサマリーをメールで関係者に報告するといういくつものjob を cron に仕込んでおきます.

これらのルーチン・ジョブのなかには計算に数時間かかるものもあり，市場が閉じてから，翌朝のオープンまでの時間はそれほど十分なわけではありません．

これらのジョブが用意したレポートやデータを，オーバーナイトの市場情報とともに適切な initial files に整えるところまでが，夜中に自動的に機械がやっておいてくれることです．

翌朝のオープン前に，人間が最終チェックをし，用意した initial files を読みこむようにセットした取引ロボットを起動します．

分析ツールとして使う言語は，取引ロボットほどの高速性は要求されないので，Perl や Ruby, Python などの汎用インタープリタ言語，あるいは S-PLUS, R, Matlab などの統計分析言語を用います．

特に最近では，Python + pandas のように，汎用言語に統計分析機能を加えた組み合わせが使えるようになりました [6)23)]．Python 用の機械学習ライブラリが普及してきている現状を考えると，この組み合わせは今後ますますポピュラーになっていくでしょう．

[*6)] http://pandas.pydata.org

10

HFT の現状と未来

本章では，高頻度取引の現在位置と，その将来の形について考察します．

10.1 ミリ秒の世界

HFT で勝つためには，とにかく競争相手より，より速く取引しなくてはいけません．一番速いプレイヤーがすべての利益の 80%を獲得し，2 番めが 15%を獲り，残りは端数しか得られない，とウォール街では言われています．2000 年当時，ウォール街ではさらに "would sell their grandmothers for a microsecond (100 万分の 1 秒のためなら自分たちのおばあちゃんを売りかねない)" なんていう自嘲気味なフレーズも使われていました．

さて，スピードを上げる＝遅延 (latency) を減らすには，計算機 (box)，ソフトウェア (logic)，それに回線 (line) の 3 つの方法があります．

最初の計算機は，いうまでもなくできるだけ速いマシンを使うことです．さらに今世紀に入ってからは AI の計算などでもポピュラーになった高速グラフィック・チップである GPU (graphics processing unit) を利用するようになりました．安価な GPU を使って並列処理を高速に行うのは，ソフトウェアの面からも工夫がいりますが，多くの銘柄に同じ手法の解析を行うときなどは有効です．もっと速くするためには，FPGA (field-programmable gate array) の利用があります．これはその名のとおり，現場でプログラム可能なゲート・アレイで，ざっくり言うと，従来はソフトウェアで行っていた一部の処理を回路化 (ハー

ドウェア化) して高速化しようというものです．2010 年くらいまでは，FPGA
は非常に高価で，一部のヘッジ・ファンドしか使っていませんでしたが，ここ
数年は値段が下がり開発キットが数万円で購入できるようになったので，今後
は気軽に利用されるようになるでしょう．

2 番目のソフトウェアは，取引ロボットの高速化を指しますが，これはより
速いコードを書くことに尽きます．たとえば，9.2.2 節で述べたような独自ラ
イブラリによるスピードアップなども含みます．

一方，コードの内部で使う時刻の表現も重要です．イベントの発生時刻を記
述するのにミリ秒よりももっと細かい解像度を要求される HFT では，C++ラ
イブラリの中の **timespec** 構造体を使うなどの工夫が必要です．この構造体は
ナノ秒 (10^{-9} 秒) の解像度を表現できるので，本書の執筆時点ではオーバース
ペックのようにも見えますが，技術の進展による今後の高速化を考えれば，将
来に向けてこれくらいのことはやっておくべきでしょう．

3 番目の回線は，戦略アルゴリズムを搭載したマシンから取引所のシステム
に到達するまでの経路での，通信時間の短縮を指します．

最初に考えるべきは，ホップ数の削減です．一般に通信路では，発信地から
着信地までの間にいくつかの中継用のマシンを介在します．これら中継点を通
過するときに遅延が生じるので，この中継回数を減らすのがスピードアップに
有効です．これらの中継点は，通信書式の変換，社内クロッシング・エンジン
への分岐，あるいは特定の規制 (regulation) にマッチしているかのチェックな
どを行うのが普通です [*1]．したがって，その削減には，送信時に通信書式をあ
らかじめ変換したり，クロッシングを不可にしてスルーさせたり，あるいは規
制チェック作業を送信時に自前で行うなどの対処が必要になります．このうち
書式変更は部署のオペレーションの裁量で比較的簡単に行えますが，クロッシ
ングを拒んだり，規制チェックを自前で行うには，社内の他の部署とのすり合
わせが必要で，これにはある程度政治力が必要でしょう [*2]．

[*1] 法令遵守 (compliance) と言ったほうがよいかもしれません．
[*2] こういうときこそ，強い上司の出番なわけです．

10.1 ミリ秒の世界   115

ホップ数の削減に関連して，配線の直線化があります．これは，同じ部屋の
なかや (社内の) 建物間などで行うわけですが，実際のところそれほどの効果が
あるわけではありません．ただし，必要以上に無闇に長いイーサネット・ケー
ブルをとぐろを巻くようにして使っているのはいただけません．また，社外へ
のアクセス・ポイントから先は手出しできません．この直線化を，社外の経路
で大々的に行ったのが，つぎの話題です．

2010 年に Spread Networks 社が，3 億ドルをかけてニューヨークの金融市
場とシカゴのそれを高速光ファイバで繋ぐ工事を終えました *3)．トンネルに
埋設されたこの回線はニューヨークとシカゴをほぼ直線で結び，往復の通信時
間をそれまでの 16 ミリ秒から 13 ミリ秒に短縮しました．この 3 ミリ秒を買う
ために，HFT 会社は競ってその回線を使い始めました．そうしなければ負けて
しまうからです．特に市場間裁定取引 (exhcange arbitrage) という HFT を行
う会社にとっては死活問題でした．さらに短縮するには，地表に沿わずに，つ
まり地球の曲率に煩わせられないように，地殻のなかを本当に直線に回線を繋
ぐことだと，ウォール街では冗談話のように言われていました *4)．

しかし最近では光ファイバを使わず，無線で繋ぐことが試みられています．
これはマイクロ波取引 (microwave trading) と呼ばれています．たとえば，ロ
ンドンとフランクフルトを結んだ最初の試みでは，光ファイバ・ケーブルを用
いるよりも 40 ％も時間を削減できたという報告があります．その後もこの区
間では，米軍の戦闘機に搭載されているレーザ・ビーム技術を使って，さらな
る高速化を試みたようです．ただこのマイクロ波通信にも問題はあります．そ
のひとつは，マイクロ波が短波などと違い電離層で反射しないため，有視界距
離にしか届かない，というものです．これを克服するために，無線中継点とし
てドローンを使い遠距離接続を可能にするアイデアもあるようです *5)．それ
以外にも，マイクロ波通信による取引は，従来よりも危機の伝搬も早めてしま
い，市場の安定性を損なうかもしれないという危惧があります．しかし，そこ
に高速に取引できる可能性がある限り，HFT 会社は，その技術を使おうとする

---

*3) このあたりのことは，書籍 Flash Boys[17) の出だしに記述されています．
*4) 実現させる場合は，マントルに食い込まないように気をつけないといけません．
*5) 無線中継点を使えば当然ホップ数は増えます．

でしょう．つまるところ，際限がないのです．

もうひとつ，近年人気のある遅延短縮の設備としてコロケーション (co-location) があります．これは取引所が，場内に顧客のサーバ・コンピュータを設置するサービスで，これによって取引所との通信路で発生していた遅延を最小化できます．たとえば日本証券取引所のコロケーション・サービスでは，コロケーション・エリアから取引所のシステムまでの通信時間は 5 マイクロ秒以下となっています．このように短い遅延は，究極の高効率回線と考えることもできます．このため，最近では，コロケーションを使うかどうかで，HFT 会社かあるいはさらにアルゴリズム取引会社かどうかを判定しようとする向きがあります．しかし，それは一概には言えないかもしれません．というのも，取引戦略は様々で，たとえば先に上げた市場間裁定取引の場合には，その取引をする会社と複数の取引所との通信時間の総和が問題になるため，たとえコロケーション・エリアがほぼ遅延無しでひとつの取引所のシステムに繋がったとしても，結局はそのコロケーション・エリアと他の取引所との通信時間がかかるので，必ずしもトータルの通信時間が削減できるわけではなく，かえってコロケーション・サービスに要する費用の分だけ不利になるからです．

10.2 HFT は悪者か？

米国では，ニューヨーク証券取引所 (NYSE) に上場されている銘柄を，NYSE 以外の多くの取引所で取引することができます．こうした取引所は ECN (Electronic Communications Network) と呼ばれ，ネットワーク上に多数存在します．

日本にも PTS (Proprietary Trading System) で，東証 1 部上場の銘柄を取引することができますが，ECN に比べると数も少なく，市場におけるプレゼンスはそれほど大きくありません．

ECN や PTS は ATS (alternative trading system) と呼ばれる市場外取引システムの一種で，NYSE などのリット市場と同様に，それ自身，板情報を開示しています．またこれらへの注文は通常，価格を指定して指値注文で行います．

これに対して，同じ ATS の一種であるダーク・プールは，板情報を開示せ

ず，注文も価格を指定しない成行注文です．ダーク・プールでの約定は，反対
方向の注文が来たときに発生し，そのときの価格はリット市場での仲値を使い
ます．そして約定して初めて，その約定結果のみが開示されます．このため，
ダーク・プールへの注文は，市場インパクトを与えません．

　米国のように複数のECNがありそれぞれ板情報を持っている場合，市場間
裁定取引を狙うことも理論的には可能です．しかし，実際にはそのような機会
はなかなか発生しないか，あっても極めて短い時間だけしか存在しないため，
これを使って利益を上げるのは難しいのが現状です．

　さらに大口の投資家は，市場インパクトを下げるのと，約定比率 (注文数に
対する約定数の比率) を上げるために，大口の注文を複数のECNに分散して
注文することが頻繁にあります．この状況を利用して，利ざやを稼ごうという
市場参加者がいます．

　この市場参加者は，他の参加者が使っている回線よりも高速の回線を使える
としましょう．さらにこのとき，板が薄いECNを選び，うまく最良売り気配
値での注文の列の先頭に並び，その後ここに買いの成行注文がやってきて約定
したとしましょう．この市場参加者が約定した注文が大口の注文の一部である
と信じる何かを持っていたとしたら，彼女はつぎの瞬間他のECNやリット市
場の同価格の売り注文を買い占め，1段階高値でそれらを売り注文に出します．
当該大口注文の残りの成行注文が他のECNなどに届くのは，使っている回線
速度の差から彼女よりも遅くなり，結局高値に置き換わった売り注文と約定す
ることになります．いわゆる**フロント・ランニング** (front running) と呼ばれ
る手法です [6]．

　速度だけに頼り，確実に利益を上げていくこのような手法は，不公正な印象
があります．特に，当該大口注文が年金を原資にしていた場合などには，倫理
的な問題さえあるように思えます．

　このように，リスクをとらず，スピードのみで稼いでいくHFTを決定論的

---

[6]　似たような取引は，ダーク・プールを使っても行われます．少量の売りをダーク・プールに出
　　し，約定が返ってくることでダーク・プール内の買い注文の存在を確認したら，薄いリット市場
　　で株価を上げ，一気にダーク・プール内で空売りし，再び値段がもとに戻った (下がった) とこ
　　ろで買い戻す，という手法です．

HFT(deterministic HFT) と呼ぶことにしましょう．一方，確率論や統計学を用い市場リスクをとりながら取引を行う HFT を統計的 **HFT**(statistic HFT) と呼びましょう．後者の代表例には，マーケット・メーカーなどがありますが，それ以外にも「まともな」HFT プレイヤーは統計的 HFT を使っています．

決定論的 HFT は，上で述べたような倫理的な問題を抱えることから，これに規制をかけるのは妥当だと考えます．が，一方，決定論的 HFT が問題だということから，HFT 全般を悪者とみて，規制の網をかけるというのはいかがなものかと考えます．ではどのような対応策を考えればよいのか？　何かもっと進んだ理論に基づくテクノロジーで解決できないだろうか？　たとえばメカニズム・デザイン理論[18)29)] を用いるのはどうだろうか？　というように，この HFT の規制問題は，まだ議論の端緒についたばかりという印象があります．

10.3　極 限 の HFT

前節で述べたように，フロント・ランニングのような問題はあったとしても，これからも技術革新は続き，HFT はそうした新しい技術を使ってどんどん進歩していくでしょう．

実際，筆者が HFT を始めた 1997 年には，自動発注の間隔は 1 秒よりもずっと長く，人間よりは速い，という程度でした．今から見ればとても「高頻度」とは言えません．同様に，10 年後に今の HFT 取引を振り返れば，なんと牧歌的な取引をやっていたのだろう，あんなものでも HFT と呼ばれていたのだなあ，と感じることになるでしょう．

HFT は今後，どんどんコモディティ化していき，もはや HFT を特別な取引として規制する意味すらなくなる，そんな時代が遠からずくるように思えます．本節では，そうした技術革新で起こる HFT の特徴の変化を予想してみます．

最初は時間解像度 (time resolution) です．

たとえば，電磁波は周波数ごとに，短波 (HF), 超短波 (VHF), 極超短波 (UHF), マイクロ短波 (SHF)，ミリ短波 (EHF) と波長が 3 桁短くなるごとに名称が変わりますが，高頻度取引も，HFT のつぎに，VHFT, UHFT, SHFT, EHFT

10.3 極限の HFT

と名称を替えていったらどうでしょう. そうすれば,「UHFT の時代はよかった」のように過去を振り返ることができるかもしれません.

冗談はともかく, 現在は 10^{-3} 秒と 10^{-6} 秒の間あたりが, HFT の主戦場ですが, これがさらに 3 桁小さくなり 10^{-6} 秒と 10^{-9} 秒の頻度が当たり前になるのは時間の問題でしょう.

ここから先はもう SF の世界ですが, もし時間解像度がプランク時間に近づいていったらどうなるでしょう? そうなるだいぶ手前で, 取引に要するエネルギーが莫大になりすぎて破綻するでしょうが, 少なくとも頻度に限界があることはわかります.

またそこまで速くなる前に, イベントの前後関係を特定できなくなるでしょう. 実際, すでに複数のラインで接続した取引所からの信号は, 混雑などの影響により, ラインごとの遅延が異なります. したがって使用する通信路によって観測時刻が異なるのは当たり前になっています. そのため, コーディングの際には, 観測したイベントの順序が, 必ずしも発生順序とは異なる場合も想定して書くことが要求されています.

このイベントの観測順序の乱れという問題は, ある種の「エネルギー保存則」を壊してしまいます. ファイナンス理論で「エネルギー保存則」に相当するのは自己資金充足性 (self-financing property) と呼ばれるもので, 時刻 t_0 から t_1 の間に外部との資金の出入りがない, という性質です. ファイナンス理論の色々な定理がこの性質を前提条件として導かれています. 高頻度で取引をすると, 閉じた系のなかであっても, 観測の順序の乱れから, 自己資金充足性を仮定した理論が, ごく短い時間であっても, 成立しない瞬間が生じるでしょう. そのような状況から発生するリスクについては, いまだ議論されていないように見えます.

つぎは空間解像度 (space resolution) です.

売買の注文をする際の値段の刻みを呼値の単位 (tick size)[7] といい, これは銘柄およびその値段の水準に応じて変わります.

---

[7] 呼値を刻み値と呼ぶこともあります.

時間の刻みを小さくしていく一方で，呼値の単位を小さくしていく動きがあります．2003 年に NYSE でそれまでの 1/8 ドルの呼値の単位が 1 セントに縮小され，取引ボリュームが一気に数割増えました．一方東京証券取引では，2014年の 1 月と 7 月に段階的に呼値の単位をそれまでの 1/10 などに大幅に縮小しました．一般に，こうした呼値の単位の縮小は，成行注文の場合の約定値段を改善します．2014 年のこの変更では，大型株の取引ボリュームが増えましたが，板が薄くなり取引がしづらくなった銘柄も発生しました．そのため，2015 年 9月には，いくつかの銘柄の呼値の単位を「50 銭」から「1 円」に戻しました．

このような変遷はありますが，将来的には時間解像度の縮小と同様に，呼値の単位も縮小していくでしょう．こうして時間も空間も連続に近づき，いよいよ確率微分方程式の実力が発揮される世界になるのかもしれません．

つぎはメモリ，記憶容量の問題です．

先程触れた 2003 年に NYSE であった呼値の単位の縮小のとき，筆者は，32ビットの CPU を搭載したマシンの上でロボットを動かしていました．そのとき使っていた戦略は，その日のすべての取引の詳細をオンメモリで保持しながら，種々の判断を行うものだったのですが，この日のボリューム増加でメモリが圧迫され，場が閉じる 1 時間ほど前に，32 ビットで管理できるメモリの限界である 2 ギガバイトを超え [8] マシンが落ちました．このため，それからしばらくは急遽組み込んだ，オンメモリに溜め込んでいたデータを適宜切り捨てる機能を使って，だましだまし取引する必要がありました．この問題の完全な解決は，64 ビットマシン [9] を導入するまで続きました．

64 ビットで管理できるアドレス空間は 8 エクサバイト (8×10^{18} バイト) ですので，しばらくは大丈夫でしょうし，近いうちに 128 ビットマシンも登場するでしょうから，今後のメモリ不足は心配していません [10]．

一方最近では，クラウドにデータを置く手法がポピュラーになってきていま

---

[8] $2^{32-1} \approx 2 \times 10^9 = 2$ ギガバイトが 32 ビットで表現できるアドレスの限界です．

[9] 2018 年現在，標準的なスマートフォンの CPU も 64 ビットです．当時と比べると隔世の感があります．

[10] たとえアクセスできるアドレス空間が広くなっても，実装しているメモリが少なければトラブルが発生する可能性は，もちろんあります．

10.3 極 限 の HFT

すが，こちらは，メモリというよりも，クラウドとの間の通信速度がボトルネックになるでしょう．

さて，ここまでみてきたような極限の HFT でのリスク管理には，どのような課題があるでしょうか？

最初に挙げられるのは，微小時間のリスク管理をどうするか，という問題でしょう．2010 年 5 月にフラッシュ・クラッシュ (flash crash) という事態が発生しました．2010 年 5 月 6 日 14 時 45 分に，S&P500 の先物が，一瞬にして1000 ポイント (9%) 急落しました．その数分後に暴騰してさらに暴落したのですが，この下手人は HFT ではないかと言われています．このような問題を抜本的に解決するには，微小時間のリスクを扱う量子リスク理論 (quantum risk theory) のような道具が必要かもしれません．

つぎに重要なのは，これは高頻度取引だけにとどまりませんが，拡大する AIプレイヤーを考慮した上で，7.2.1 節でも触れたような問題点を解決するためのリスク管理手法の確立です．

AI に要求される倫理，あるいは AI は責任を取れるのか [11] という問題など，複雑化する一方のリスク管理を抜本的に解決する理論とそれに基づく手法が，求められているといえます．

---

[11] たとえば法人格と同じように **AI 格**という概念を導入して，AI に口座も持たせ，責任を取らせるというようなことも考えなくてはいけないかもしれません．

11

アルゴリズム取引の現状と未来

　第 10 章では高頻度取引の将来を俯瞰しましたが，一般のアルゴリズム取引では，さらに広範な問題や将来の可能性が考えられます．特に，人工知能の活用を無視して将来を語ることはできません．

　本章ではこれらのトピックについて考察します．

11.1　公 正 な 市 場

　約定と気配値のデータを分析していくと，大変高速に注文と取消を繰り返す市場参加者がいることに気づきます．そのスピードから，人ではなくアルゴが取引しているのは，間違いないと思われます．これは，あたかもその銘柄の流動性が高いかのようにみせる相場操縦と捉えられかねない振る舞いです．つまりミリ秒単位で注文と取消を繰り返す見せ玉ではないか，ということです．

　さて，見せ玉の要件は約定の意思がないことで，目的達成と同時に見せ玉を取り消していることが重要なポイントです．でも，AI に意思があるのでしょうか？

　たしかに AI を使わない昔ながらの，人が教えたとおり動くプログラムであれば，これはプログラマの意思が働いた，と主張することもできるでしょう．しかし，学習によってコードを書いた人が予想もしなかった取引をするようになったとき，その責任をプログラマに押し付けるのは難しいでしょう．特に教師なしの機械学習では，プログラマの「意思」が直接 AI に伝わるわけではありませんから，ますます「意思」の問題はあやふやになります．

11.1 公 正 な 市 場

このような「高速見せ玉」を使った戦略は，人間のトレーダには影響を及ぼしません．人間の目には，とてもではありませんが検知できないスピードだからです．つまりこうした戦略の相手は，またアルゴなのです．人間がひっかかることのない，こうした戦略を「相場操縦」と考えてよいかどうかは疑問が残ります．実際，競争相手の「高速見せ玉」を想定せずに書かれたアルゴリズムは，市場に出てくる資格があるとは言えないでしょう[*1)]．たとえば，そのような「瑕疵」を持ったアルゴリズムを書く方が悪い，という立場から言えば，人間の仕掛けてきた戦略にアルゴが「誘引された」というような事態も，それがまともなアルゴリズムであれば，あり得ないということになります．

一方，もし人はダメでアルゴは OK という規制を行うならば，アルゴと人を区別できなくてはいけません．しかしこれは，1.2 節でも述べたように現状ではとても難しい問題です．実際，この問題を究極的に解決するには，チューリング・テスト (Turing test)[*2)] が必要でしょうが，しかしそれすらも，アルゴに人のふりをされたら判定できなくなるでしょうし，そもそも判定者としての人間が介在するチューリング・テストで大量の注文を振り分けるというのは時間的にもまったく現実的ではありません．そうはいっても，東証ではすでに 6,7 割がアルゴリズム取引という現状を考えれば，この問題を避けて通ることができないというのもまた事実です．

いずれにしても，進歩し続ける IT 技術を基盤にしたアルゴリズム取引は，規制を定めたときの状況を軽々と乗り越えて，今後も新たな手法で過去の規制を無意味にしながら進化していくでしょう．そうならないためには，規制はすべからく，長期の使用に耐えうるしっかりした理論に基づいてなされなくてはいけません．そうでなければいたちごっこになってしまい，結局ゲームなのだから，もはや禁じ手にする合理的な理由は見つけられない，というニヒリズムに陥りかねません．

この問題の根本的な原因は，人間とアルゴが同じ市場で競争していることに

[*1)] アルゴ戦略の策定と実装をした経験からの実感です．
[*2)] Alan Turing によって考案された，ある機械が知的かどうかを判定するためのテストです．

あるのかもしれません．たとえば，オリンピックの100m競争で，人間の他に
チータが参加することを想像したらどうでしょう．そもそも同じ土俵で競争す
ることが馬鹿げている，あるいはもっと穏やかに言っても，公平でない，そん
な状況にあるのが，現在の金融市場かもしれません．

そういった状況を打破すべく実験をしている例もあります．日系カナダ人の
Brad Katsuyama らが 2012 年にカナダ王立銀行を飛び出して創設した私設取
引所 IEX[*3] は，本物のアルファではなくスピードのみで利益を得ている参加
者を排除し，真に公平な競争を実現する場を提供することを目的とする，とし
ています．具体的には，通信時間を往復 700 マイクロ秒遅らせたり [*4]，ニュー
ジャージーにある 2 地点へ情報が同時に到達することを保証したり，隣接して
コロケーション・サービスを行うことを禁止したりすることにより，HFT 業者
のアドバンテージをなくす，という手法を使っています．もちろん，片道 350
マイクロ秒の遅れというのは，人間のトレーダーには何の影響もありません．

IEX のような試みが今後も続くのかどうかは，今世紀の金融業界の将来を占
う試金石のひとつになるかもしれません．

11.2 機械学習の利用と問題点

最初に，強化学習の利用方法について考えてみましょう．強化学習は，シス
テム自身のアクションに対する環境からのフィードバックを価値関数を通して
受け取り，学習に利用します．したがって，価値 (報酬) 関数を最大化すること
によって戦略を探す HJB 方程式を利用するアルゴリズム取引と相性がよいは
ずです．ただ残念ながら，高頻度取引でこれを使うには，閉形式 (closed-form)
がないため，十分な速度が出せず採用できません．ただし，時間地平が長い戦
略であれば，速度的には問題ないと思われます．

一方，6.1 節で触れたように，アルファを構成する説明変数の係数探索のよう
な実時間でない用途には使える可能性があるでしょう．さらに，第 7 章で考察

[*3]　Investors Exchange (https://iextrading.com)
[*4]　コイル状に巻いた 60km 超の光ファイバを通信路に介在させることにより実現しているとのこ
　　とです．

11.2 機械学習の利用と問題点 125

したような教師あり学習を使ったアルファ探索に関しても，AlphaGo のように何らかの形で強化学習と組み合わせることを考えるのも興味深いでしょう[24]．なお，この方針は HFT 用のアルファのもうひとつの有望な源泉である Twitter などの高速な代替データ (alternative data) からパターンを探す手法にも用いることができるかもしれません．

つぎに教師なし学習の利用について考えてみます．教師なし学習はデータとそこに内在する特徴との間の「因果関係」を見出すのに使われます．この「因果関係」は論理的な因果関係ではなく，ある種の統計的な因果関係という意味で計量経済学で言うところのグレンジャー因果 (Granger causality) に似ています．しかし，グレンジャー因果と違って多段のニューラル・ネットワークを介しているので，超多段式グレンジャー因果と呼べるかもしれません．

このような「因果関係」の金融業界への応用は色々と考えることができるでしょうが，たとえば人間のエコノミストを機械で代替することが挙げられます．これにより，近年批判の槍玉に挙げられることが多くなってきたアクティブ運用のコストを下げることができるかもしれませんから，証券会社にとっては魅力的な技術と見えるかもしれません．

問題は，こうして AI が出してきた提言の背後にある因果を人間が容易には見つけられない，という事実です．そのように論理的因果性が定かでない世界を，金融業界はどこまで許容できるでしょうか？ つまり (経済) 理論のないデータだけの世界を前に，誰がそれを信じるかということです．

アルゴリズム取引に教師なし学習によって得られた「因果関係」を利用したとき，そのリスクは 7.2.1 項で述べたモデルの複雑さに起因するリスクと同様に，まったく計測できません．さらに，このアルゴリズムを使って顧客の資金を運用するのであれば，説明責任の観点からみて少なからぬ問題を孕んでいると言わざるをえないでしょう[*5]．

[*5] ある意味，黒魔術に支配された取引とも見えます．

11.3 アルゴリズム取引に続く未来

　速度だけに頼ってきた純粋な HFT は，薄利多売のような商いに似て，規模や力技が有効な世界でした．しかし，よりスマートな AI 取引へシフトしていくとどうなるでしょう？　もちろん，HFT はプレイヤーとして残るでしょうが，たくさん取引するだけが能でない，つまり無駄なエネルギーをできるだけ使わない一本釣りをするような AI が幅を利かすようになるのではないでしょうか？

　たとえば，AI 取締役が企業にいるのが普通になる近未来を想像してみましょう．今は一部の天才的な人間の投資家が行っているような状況判断も，教師なし機械学習で武装した AI 投資家がビッグデータから投資機会を発見し物言う AI 株主となって TOB を仕掛けるかもしれません[38]．

　話を現代に戻しましょう．

　AI と独立に，あるいは相乗効果を持って注目されている技術に量子コンピューティング (quantum computing) があります[30]．従来のコンピュータはビット (bit) と呼ばれる 0 か 1 の値をとる基本要素を組み合わせて動作しているのに対して，量子コンピュータは，量子ビット (qubit) と呼ばれる 0 と 1 の値の両方を同時に持ち得る値 [*6] を保持する要素を組み合わせ，それら要素間を量子もつれ (quantum entanglement) と呼ばれる現象を利用して無限大の速度の通信で繋ぎながら動作します．量子ビットが保持する値は確率変数とも考えられるので，従来のコンピュータで行うシミュレーションのように，サンプルとしての乱数を多数発生させることなく，確率変数のままで実験を行うことができます．これは劇的な計算速度の向上をもたらします．

　この特徴を利用して動的ポートフォリオの最適化やシナリオ分析などに使おうというファイナンスへの応用も始まっています [*7][21][10]．この技術には Renaissance などの著名なヘッジ・ファンドもすでに興味を示しているようで

[*6]　量子ビットが保持する値は，0 と 1 の重ね合わせ (superposition) と考えられます．

[*7]　こうした試みをしている研究者や実務家を量子クォンツ (quantum quants) と呼ぶようです．

す*8).

さて，11.2 節で述べたようなエコノミストの大量失業という事態はまだ起こっていないようですが，トレーダーの置かれている状況は違います．2016 年の暮れに，Goldman Sachs はそれまで 600 名いたトレーダーを 2 名に減らし，代わりに 200 名の計算機エンジニアが保守するアルゴリズム取引プログラムを雇いました*9).　また PwC は，2030 年半ばまでに AI によってとってかわられる職種を 3 つの波に分類して予想し，他の業種に比べて，金融サービスは早い段階から大きなインパクトを受けるだろう，としています*10).

AI がこれからどのように発展していくのか，AlphaGo を世に送り出した DeepMind 社の CEO，Demis Hassabis は，これまでに何度かあった AI ブームとは違って今度こそ，後は登るだけの正しいはしごにたどり着いた，と言っています*11).

一方，ニューラル・ネットワークの権威である理化学研究所の甘利俊一先生は，「人間はミクロに見るとニューラル・ネットワークを使っているが，現象でみれば言語を使っていて，その言語は意識のもとで成り立っているのだから論理構造がちゃんとしてないといけない」と，現在の深層学習一辺倒の AI の発展に疑問を投げかけています*12).

いずれにしてもまだしばらくは人間から機械への過渡期が続くでしょうが，何十年か後，アルゴリズムと AI によってスマートになった金融機能は，その多くが人の手を離れて AI によって運営されるようになるでしょう．そうして極めて効率的になった市場で金融業に従事する残った人たちは，もはや適切な手数料以上の収入をそこから得ることはできなくなり，金融マンが高報酬を謳

---

*8)　"Renaissance, DE Shaw look to quantum computing for edge", Financial Times 2017 年 11 月 1 日.

*9)　"As Goldman embraces automation, even the masters of the universe are threatened", MIT Technology Review 2017 年 2 月 7 日.

*10)　"PwC economists assess how and when workers will be affected by coming waves of automation", PwC Press-Release 2018 年 2 月 6 日.

*11)　「脳の働き 全て再現可能」，日本経済新聞 2017 年 6 月 4 日朝刊.

*12)　「第三次 AI ブームに『足りていないモノ』」，BITA デジマラボ 2017 年 4 月 16 日.

歌していた時代は忘れられていくように思えます[11].

それに代わって，製造業や農業，福祉や教育，芸術や文化活動をはじめとする，いわゆる金融技術を駆使する業種とは異なる実業の人たちが名実ともに主役に戻る社会が実現する，アルゴリズム取引の先に続く未来が，そんな社会に向かうことになれば素晴らしいと思うのです[26].

A

確 率 論 入 門

Ω を空でない集合とします [*1)].

定義 A.1 (σ-加法族) Ω の部分集合族 $\mathcal{F} \subset 2^\Omega$ は，以下の 3 条件を満たすとき σ-加法族 (σ-algebra) と呼ばれます.
1) $\emptyset \in \mathcal{F}$,
2) $A \in \mathcal{F}$ ならば $(\Omega - A) \in \mathcal{F}$,
3) $\mathcal{S} \subset \mathcal{F}$ が可算部分集合族ならば $(\cup \mathcal{S}) \in \mathcal{F}$.

命題 A.2 Ω の集合族の間の大小関係を，集合の包含関係で定義します.
1) 最大の σ-加法族は 2^Ω です,
2) 最小の σ-加法族は $\{\emptyset, \Omega\}$ です,
3) $\mathfrak{F}$ を σ-加法族の集合とすると，$\cap \mathfrak{F}$ も σ-加法族です,
4) 任意の部分集合族 $\mathcal{S} \subset 2^\Omega$ に対して，$\mathcal{S}$ を含む最小の σ-加法族が存在します. これを $\sigma(\mathcal{S})$ と書きます.

問 A.3 命題 A.2 を証明しなさい.

例 A.4 Ω が有限集合の場合を考えてみます. また Ω 上の σ-加法族 $\mathcal{F}$ を固定します. このとき $\omega \in \Omega$ に対して,

$$[\omega]_\mathcal{F} := \cap \{A \in \mathcal{F} \mid \omega \in A\} \tag{A.1}$$

と定義すると明らかに $[\omega]_\mathcal{F} \in \mathcal{F}$. さらに

$$\Omega/\mathcal{F} := \{[\omega]_\mathcal{F} \mid \omega \in \Omega\} \subset \mathcal{F} \tag{A.2}$$

[*1)] Ω の元を**根本事象**と呼ぶことがあります.

130   A. 確 率 論 入 門

は集合 Ω の分割 [*2)] になっています.

ふたつの根本事象 ω_1, ω_2 が $[\omega_1]_\mathcal{F} = [\omega_2]_\mathcal{F}$ であるとき, このふたつの根本事象は区別できないと捉えると, σ-加法族 $\mathcal{F}$ は, 根本事象を分別していると考えられます. 言い換えれば σ-加法族はものごとを分別するための情報, あるいは知識と考えられます.

問 A.5 例 A.4 にて $\Omega/\mathcal{F}$ が Ω の分割になっていることを示しなさい.

定義 A.6 (確率測度) $\mathcal{F}$ を Ω の σ-加法族とします. 関数 $\mathbb{P}: \mathcal{F} \to [0,1]$ は以下の条件を満たすとき, **確率測度** (probabililty measure) と呼ばれます.
1) $S_1, S_2, \ldots$ が加算個の互いに素な (つまり, 互いに共通部分を持たない) $\mathcal{F}$ の要素ならば, $\mathbb{P}(\cup_i S_i) = \sum_i \mathbb{P}(S_i)$,
2) $\mathbb{P}(\Omega) = 1$.

$\mathbb{P}$ が確率測度ならば $\mathbb{P}(\emptyset) = 0$ となることに注意して下さい.

問 A.7 例 A.4 で, 確率測度 $\mathbb{P}$ を考えると, $\mathbb{P}$ は $\Omega/\mathcal{F}$ 上の値で決定されます. これを示しなさい.

定義 A.8 (確率空間) **確率空間** (probability space) とは 3 つ組 $(\Omega, \mathcal{F}, \mathbb{P})$ です. ただし $\mathcal{F}$ は Ω 上の σ-加法族, $\mathbb{P}: \mathcal{F} \to [0,1]$ は確率測度です.

以下では $(\Omega, \mathcal{F}, \mathbb{P})$ は確率空間とします.

定義 A.9 (確率変数) $X: \Omega \to \mathbb{R}$ を実数値関数 [*3)], また $\mathcal{G} \subset \mathcal{F}$ を部分 σ-加法族とします.
1) 任意の $a \in \mathbb{R}$ に対して
$$X^{-1}(-\infty, a] := \{\omega \in \Omega \mid X(\omega) \leq a\} \in \mathcal{G} \tag{A.3}$$
であるとき, X は $\mathcal{G}$-**可測** ($\mathcal{G}$-measurable) であると言います [*4)].

[*2)] 任意の $A, B \in \Omega/\mathcal{F}$ に対して, $A \cap B \neq \emptyset$ ならば $A = B$ ということ.
[*3)] 確率変数の値域, ここでは $\mathbb{R}$, を状態空間 (state space) と呼びます. 状態空間は σ-加法族を伴った可測空間です. 特に状態空間 $\mathbb{R}$ に付随する σ-加法族はボレル集合族 $\mathcal{B}(\mathbb{R})$ とします.
[*4)] 位相空間 T が与えられたとき, T の開集合族を含む最小の σ-加法族を $\mathcal{B}(T)$ で表記しボレル

A. 確率論入門　　　　　131

2) 特に X が $\mathcal{F}$-可測なとき，**確率変数** (random variable) と呼びます.

問 A.10　例 A.4 で $\mathcal{G} \subset \mathcal{F}$ は部分 σ-加法族とします. すると関数 $X : \Omega \to \mathbb{R}$ が $\mathcal{G}$-可測であるための必要十分条件は X が任意の $A \in \Omega/\mathcal{G}$ 上で定数関数であることです. これを示しなさい.

定義 A.11 (確率変数から生成される σ-加法族)　$X, X_1, X_2, \ldots, X_n$ を確率変数とします.
　　1) $\sigma(X) := \sigma(\{X^{-1}[a, \infty) \mid a \in \mathbb{R}\})$,
　　2) $\sigma(X_1, \ldots, X_n) := \sigma\left(\cup_{i=1}^n \sigma(X_i)\right)$.

　例 A.4 のように Ω が有限集合であり, かつ $\mathcal{F} := 2^\Omega$ とするならば, 確率変数 X から決まる以下の量

$$\mathbb{E}[X] := \sum_{\omega \in \Omega} X(\omega)\mathbb{P}(\{\omega\})$$

を期待値と呼ぶことに抵抗はないでしょう. しかし, これを一般の Ω や $\mathcal{F}$ に拡張するには, 高校や大学教養で学んだリーマン積分を拡張したルベーグ積分 (Lebesgue integral) が必要になります. 残念ながらこの付録ではルベーグ積分を定義する余裕はないので [*5], 結果のみ示します.

定義 A.12 (期待値, 分散, 共分散)　X と Y を可積分 [*6] な確率変数とするとき, 以下のルベーグ積分で定義される実数値をそれぞれ**期待値** (expectation), **分散** (variance) および**共分散** (covariance) と呼びます.

$$\mathbb{E}[X] := \int_\Omega X d\mathbb{P} \tag{A.4}$$

$$\mathrm{Var}(X) := \int_\Omega (X - \mathbb{E}[X])^2 d\mathbb{P} \tag{A.5}$$

$$\mathrm{Cov}(X, Y) := \int_\Omega (X - \mathbb{E}[X])(Y - \mathbb{E}[Y]) d\mathbb{P} \tag{A.6}$$

　期待値, 分散, 共分散は, 必ずしも存在するとは限らないことに注意して下さい.

　　集合族 (Borel field) と呼びます. $X : \Omega \to \mathbb{R}$ が $\mathcal{G}$-可測とは, 任意のボレル集合 $B \in \mathcal{B}(\mathbb{R})$ に対して $X^{-1}(B) \in \mathcal{G}$ となることです.

[*5] 興味のある読者は文献 5) や 34) などを参照してください.

[*6] 確率変数 X は, $\int_\Omega |X| d\mathbb{P} < \infty$ のとき, **可積分** (integrable) と呼ばれます. 詳しくは原[34] 等を参照して下さい.

132   A. 確率論入門

命題 A.13 Ω が有限集合であり，かつ $\mathcal{F} = 2^\Omega$ のとき，X, Y が確率変数ならば

$$\mathbb{E}[X] = \sum_{\omega \in \Omega} X(\omega)\mathbb{P}(\{\omega\}) \tag{A.7}$$

$$\mathrm{Var}(X) = \sum_{\omega \in \Omega} (X(\omega) - \mathbb{E}[X])^2\mathbb{P}(\{\omega\}) \tag{A.8}$$

$$\mathrm{Cov}(X, Y) = \sum_{\omega \in \Omega} (X(\omega) - \mathbb{E}[X])(Y(\omega) - \mathbb{E}[Y])\mathbb{P}(\{\omega\}) \tag{A.9}$$

問 A.14 X と Y が確率変数ならば

$$\mathrm{Cov}(X, Y) = \mathbb{E}[XY] - \mathbb{E}[X]\mathbb{E}[Y] \tag{A.10}$$

が成り立ちます．特に

$$\mathrm{Var}(X) = \mathbb{E}[X^2] - (\mathbb{E}[X])^2 \tag{A.11}$$

この事実を，命題 A.13 の前提条件が成り立つ場合について証明しなさい．

定義 A.15

1) 確率変数 $X_1, X_2, \ldots, X_n$ を含む命題 $\varphi = \varphi(X_1, X_2, \ldots, X_n)$ に対して，

$$\mathbb{P}(\varphi(X_1, X_2, \ldots, X_n)) := \mathbb{P}(\{\omega \in \Omega \mid \varphi(X_1(\omega), X_2(\omega), \ldots, X_n(\omega))\}) = 1 \tag{A.12}$$

のとき，ほとんど確実に φ が成り立つと言い φ ($\mathbb{P}$-a.s.) と書きます．

2) 確率変数 X と Y は

$$\mathbb{P}(X = Y) := \mathbb{P}(\{\omega \in \Omega \mid X(\omega) = Y(\omega)\}) = 1 \tag{A.13}$$

のとき，ほとんどいたるところで等しいと言い $X = Y$ ($\mathbb{P}$-a.e.) と書きます．

定理 A.16 (条件付期待値) X を確率変数，$\mathcal{G} \subset \mathcal{F}$ を部分 σ-加法族とするとき，以下の条件を満たすような確率変数 Y が存在します．

1) Y は $\mathcal{G}$-可測，
2) 任意の $B \in \mathcal{G}$ に対して $\int_B Y d\mathbb{P} = \int_B X d\mathbb{P}$．

定理 A.16 で言及した Y は一般に複数存在しますが，それらは互いにほとんどいたるところで等しくなります．つまりほとんどいたるところで等しい確率変数を同一視すれば，定理 A.16 の Y は一意に存在すると言えます．

このような一意性のもとで，以下の定義をします．

A. 確 率 論 入 門　　　　　　　　　　　　*133*

定義 **A.17** (条件付期待値, 条件付確率)　定理 A.16 で存在が示された Y を $\mathcal{G}$ のも
とでの X の条件付期待値 (conditional expectation) と呼び $\mathbb{E}[X \mid \mathcal{G}]$ と書きます.
また, $A \in \mathcal{F}$ に対して

$$\mathbb{P}(A \mid \mathcal{G}) := \mathbb{E}[\mathbb{1}_A \mid \mathcal{G}] \tag{A.14}$$

を $\mathcal{G}$ のもとでの A の**条件付確率** (conditional probability) と呼びます.

以下では, 条件付期待値の意味を把握するために, Ω が有限の場合を例にしてみて
みます.

命題 **A.18**　例 A.4 のように Ω が有限集合, かつ $\mathcal{F} = 2^\Omega$ とします. このとき $\mathcal{G} \subset \mathcal{F}$
が部分 σ-加法族ならば以下が成立します.
  1) $A \in \mathcal{F}$, $\omega \in \Omega$ に対して,

$$\mathbb{P}(A \mid \mathcal{G})(\omega) = \begin{cases} \frac{\mathbb{P}(A \cap [\omega]_\mathcal{G})}{\mathbb{P}([\omega]_\mathcal{G})} & (\mathbb{P}([\omega]_\mathcal{G}) \neq 0 \text{ のとき}) \\ 0 & (\mathbb{P}([\omega]_\mathcal{G}) = 0 \text{ のとき}) \end{cases} \tag{A.15}$$

  2) 確率変数 X と $\omega \in \Omega$ に対して,

$$\mathbb{E}[X \mid \mathcal{G}](\omega) = \sum_{\omega' \in \Omega} X(\omega') \mathbb{P}(\{\omega'\} \mid \mathcal{G})(\omega) \tag{A.16}$$

$$= \begin{cases} \frac{\mathbb{E}[X, [\omega]_\mathcal{G}]}{\mathbb{P}([\omega]_\mathcal{G})} & (\mathbb{P}([\omega]_\mathcal{G}) \neq 0 \text{ のとき}) \\ 0 & (\mathbb{P}([\omega]_\mathcal{G}) = 0 \text{ のとき}) \end{cases} \tag{A.17}$$

　　ただし $A \in \mathcal{F}$ に対して

$$\mathbb{E}[X, A] := \sum_{\omega \in A} X(\omega) \mathbb{P}(\{\omega\}) \tag{A.18}$$

問 **A.19**　命題 A.18 の前提条件のひとつ $\mathcal{F} = 2^\Omega$ を外す方法について考察しなさ
い. (ヒント:　関数 $p : \Omega \to [0, 1]$ を $p(\omega) := \mathbb{P}([\omega]_\mathcal{F})/|[\omega]_\mathcal{F}|$ として $\mathbb{P}$ を定義しな
おしてみてください. ただし有限集合 A に対して $|A|$ は A の要素数を表します)

定義 **A.20** (条件付期待値の略記法)　$X, X_1, \ldots, X_n, Y_1, \ldots, Y_n$ を確率変数, $\mathcal{S} \subset \mathcal{F}$
を部分集合族 (必ずしも σ-加法族とは限りません), $A \in \mathcal{F}$, $p(x_1, \ldots, x_n)$ を n 引
数命題とします.
  1) $\mathbb{E}[X \mid Y_1, \ldots, Y_n] := \mathbb{E}[X \mid \sigma(Y_1, \ldots, Y_n)]$,
  2) $\mathbb{E}[X \mid \mathcal{S}] := \mathbb{E}[X \mid \sigma(\mathcal{S})]$,

134   A. 確 率 論 入 門

3) $\mathbb{E}[X \mid A] := \mathbb{E}[X \mid \{A\}]$,

4) $\{p(X_1, \ldots, X_n)\} := \{\omega \in \Omega \mid p(X_1(\omega), \ldots, X_n(\omega))\}$,

5) $\mathbb{E}[X \mid p(Y_1, \ldots, Y_n)] := \mathbb{E}[X \mid \{p(Y_1, \ldots, Y_n)\}]$.

たとえば

$$\mathbb{E}[X \mid Y = y] = \mathbb{E}[X \mid \{\emptyset, \{\omega \in \Omega \mid Y(\omega) = y\}, \{\omega \in \Omega \mid Y(\omega) \neq y\}, \Omega\}]$$

$$(\text{A.19})$$

定義 A.21 (独立性) X を確率変数, $\mathcal{G} \subset \mathcal{F}$ を部分 σ-加法族とします. 任意の $A \in \mathcal{G}$ に対して,

$$\mathbb{E}[X\mathbb{1}_A] = \mathbb{E}[X]\mathbb{E}[\mathbb{1}_A] \tag{A.20}$$

が成り立つとき, X は $\mathcal{G}$ に独立 (independent) であると言います.

命題 A.22 X と Y を確率変数とします. また $\mathcal{G}$ と $\mathcal{H}$ を $\mathcal{F}$ の部分 σ-加法族とします.

1) X が $\mathcal{G}$ に独立ならば

$$\mathbb{E}[X \mid \mathcal{G}] = \mathbb{E}[X] \tag{A.21}$$

2) X が $\mathcal{G}$-可測ならば

$$\mathbb{E}[XY \mid \mathcal{G}] = X\mathbb{E}[Y \mid \mathcal{G}] \tag{A.22}$$

3) $\mathcal{H} \subset \mathcal{G}$ ならば

$$\mathbb{E}[\mathbb{E}[X \mid \mathcal{H}] \mid \mathcal{G}] = \mathbb{E}[\mathbb{E}[X \mid \mathcal{G}] \mid \mathcal{H}] = \mathbb{E}[X \mid \mathcal{H}] \tag{A.23}$$

特に

$$\mathbb{E}[\mathbb{E}[X \mid \mathcal{G}]] = \mathbb{E}[X] \tag{A.24}$$

4) $Y_1, Y_2, \ldots, Y_n$ を確率変数とすると, $Y_1, Y_2, \ldots, Y_n$ の任意の部分列 $Y_1', Y_2', \ldots, Y_m'$ に対して

$$\mathbb{E}[\mathbb{E}[X \mid Y_1, Y_2, \ldots, Y_n] \mid Y_1', Y_2', \ldots, Y_m'] = \mathbb{E}[X \mid Y_1', Y_2', \ldots, Y_m'] \tag{A.25}$$

特に

$$\mathbb{E}[\mathbb{E}[X \mid Y_1, Y_2, \ldots, Y_n]] = \mathbb{E}[X] \tag{A.26}$$

定義 A.23 (確率分布) X を確率変数とします.

A. 確 率 論 入 門　　　　　135

1)
$$\mu_X := \mathbb{P} \circ X^{-1} : \mathcal{B}(\mathbb{R}) \to [0, 1] \tag{A.27}$$
を X の確率分布 (probability distribution) と言います.

2) 累積分布関数 (cumulative distribution function; CDF)$F_X : \mathbb{R} \to [0, 1]$ とは任意の $x \in \mathbb{R}$ に対して以下のように定まる関数です.

$$F_X(x) := \mu_X((-\infty, x]) \tag{A.28}$$

問 A.24　ふたつの独立な確率変数 X, Y および実数 x に対して以下を示しなさい.
1) $F_X(x) = \mathbb{P}(X \le x)$.
2) $F_{X \vee Y}(x) = F_X(x) F_Y(x)$.
3) $F_{X \wedge Y}(x) = F_X(x) + F_Y(x) - F_X(x) F_Y(x)$.

例 A.25 (ポアソン分布)　自然数を値にとる確率変数 X が定数 $\lambda > 0$ に対して

$$\mathbb{P}(X = k) = \frac{\lambda^k e^{-\lambda}}{k!} \quad (k \in \mathbb{N}) \tag{A.29}$$

を満たすとき [*7)], X は**強度** (intensity)λ のポアソン分布 (Poisson distribution) に従うといい, $X \sim \mathrm{Poi}(\lambda)$ と表記します. つまり, ポアソン分布は $B \in \mathcal{B}(\mathbb{R})$ に対して

$$\mu_X(B) = \sum_{k \in B \cap \mathbb{N}} \frac{\lambda^k e^{-\lambda}}{k!} \tag{A.30}$$

となる確率分布です.

確率変数 X が強度 λ のポアソン分布に従うならば $\mathbb{E}[X] = \lambda$ かつ $\mathrm{Var}(X) = \lambda$ となります.

直観的に言うと, 強度 λ のポアソン分布に従う確率変数 X は, 単位時間あたり平均 λ 回発生するイベントが同じ単位時間あたり k 回発生する確率 $\mathbb{P}(X = k)$ を指定しています.

定義 A.26 (確率密度関数)　X が確率変数, F_X を X の累積分布関数とします. F_X が微分可能なとき

$$f_X := \frac{d}{dx} F_X \tag{A.31}$$

を X の確率密度関数 (probability density function; PDF) と言います.

[*7)]　$\mathbb{N} := \{0, 1, 2, \dots\}$ は自然数の全体を表す集合です.

実数値をとる確率変数 X が確率密度関数 f_X を持つならば，関数 $g : \mathbb{R} \to \mathbb{R}$ に対して

$$\mathbb{E}[g(X)] = \int_{-\infty}^{\infty} g(x) f_X(x) dx \tag{A.32}$$

定義 A.27 (畳み込み)　ふたつの可積分関数 $f, g : \mathbb{R} \to \mathbb{R}$ に対して，f と g の畳み込み (convolution) とは，以下のような関数 $f * g : \mathbb{R} \to \mathbb{R}$ です．

$$(f * g)(x) := \int_{-\infty}^{\infty} f(u) g(x - u) du \quad (\forall x \in \mathbb{R}) \tag{A.33}$$

問 A.28　ふたつの独立な確率変数 X と Y は確率密度関数 f_X と f_Y を持つとします．このとき以下を示しなさい．

1) $F_{X+Y} = f_X * F_Y = F_X * f_Y$.
2) $f_{X+Y} = f_X * f_Y$.

(ヒント: $F_{X+Y}(x) = \int_{-\infty}^{\infty} du \int_{-\infty}^{x-u} dv \, f_X(u) f_Y(v)$ です)

例 A.29 (指数分布)　パラメタ $\lambda > 0$ に対して確率密度関数が

$$f_X(x) := \begin{cases} \lambda e^{-\lambda x} & (x \geq 0 \text{ のとき}) \\ 0 & (x < 0 \text{ のとき}) \end{cases} \tag{A.34}$$

で与えられる確率変数 X の確率分布を**指数分布** (exponential distribution) と呼び $X \sim \mathrm{Exp}(\lambda)$ と表記します．

このとき，$\mathbb{E}[X] = \frac{1}{\lambda}$ かつ $\mathrm{Var}(X) = \frac{1}{\lambda^2}$ となります．

指数分布とポアソン分布には，以下に述べるような関係があります．今，t 単位時間あたり平均 λt 回発生するイベントがポアソン分布に従って発生するとすると，例 A.25 の最後のパラグラフで述べたようにこれは強度 λt のポアソン分布に従う確率変数 N_t と考えることができます．すなわち

$$\mathbb{P}(N_t = k) = \frac{(\lambda t)^k e^{-\lambda t}}{k!} \quad (k \in \mathbb{N}) \tag{A.35}$$

すると

$$\mathbb{P}(N_t > 0) = 1 - \mathbb{P}(N_t = 0) = 1 - e^{-\lambda t} = \int_0^t \lambda e^{-\lambda u} du \tag{A.36}$$

しかし (A.36) の最右辺はパラメタ λ の指数分布に従う確率変数を X とするときの累積分布関数 $\mathbb{P}(X \leq t)$ に他なりません．

A. 確 率 論 入 門　　　　　　　　　137

問 **A.30** ふたつの確率変数 $X \sim \text{Exp}(\lambda)$ と $Y \sim \text{Exp}(\mu)$ が独立ならば, $X \wedge Y \sim \text{Exp}(\lambda + \mu)$ であることを示しなさい.

問 **A.31** $X_n \sim \text{Exp}(\lambda)$ $(n = 1, 2, \dots)$ を独立同分布な確率変数列, また $x \geq 0$ とします. このとき

$$F_n(x) := F_{\sum_{k=1}^{n} X_k}(x) = 1 - e^{-\lambda x} \sum_{k=0}^{n-1} \frac{\lambda^k}{k!} x^k \tag{A.37}$$

となることを以下のステップに従って示しなさい.

1) $F_1(x) = 1 - e^{-\lambda x}$.
2) $F_{n+1}(x) = \lambda e^{-\lambda x} \int_0^x e^{\lambda u} F_n(u) du.$　　（ヒント：問 A.28 の 1) を用いなさい）
3) $F_n(x) = 1 - e^{-\lambda x} \sum_{k=0}^{n-1} \frac{\lambda^k}{k!} x^k$.

さらに (A.37) を微分して以下を確認しなさい.

$$f_{\sum_{k=1}^{n} X_k}(x) = \frac{\lambda^n}{(n-1)!} x^{n-1} e^{-\lambda x} \tag{A.38}$$

例 **A.32** ［正規分布］定数 μ と $\sigma > 0$ に対して確率変数 X が

$$f_X(x) = \frac{1}{\sqrt{2\pi\sigma^2}} e^{-\frac{(x-\mu)^2}{2\sigma^2}} \quad (x \in \mathbb{R}) \tag{A.39}$$

なる確率密度関数を持つとします. この確率分布を**正規分布** (normal distribution) と呼び $X \sim N(\mu, \sigma^2)$ と表記します.

このとき, $\mathbb{E}[X] = \mu$ かつ $\text{Var}(X) = \sigma^2$ となります.

問 **A.33** $X \sim N(0, t)$, $k = 1, 2, \dots$ のとき, 以下を示しなさい.

1) $\mathbb{E}[X^{2k-1}] = 0$,
2) $\mathbb{E}[X^{2k}] = (2k-1)(2k-3) \dots 3 \cdot 1 \cdot t^k$.

以下では, 集合 $\mathcal{T}$ は, つぎの 4 つの集合のいずれかとします.

1) $\mathcal{T} := \{0, 1, 2, \dots, N\}$,
2) $\mathcal{T} := \mathbb{N} := \{0, 1, 2, \dots\}$,
3) $\mathcal{T} := [0, T] := \{x \in \mathbb{R} \mid 0 \leq x \leq T\}$,
4) $\mathcal{T} := \mathbb{R}_+ := [0, \infty) := \{x \in \mathbb{R} \mid x \geq 0\}$.

$\mathcal{T}$ を**時間領域** (time domain) と呼びます.

定義 **A.34** (フィルトレーション)　σ-加法族の列 $\{\mathcal{F}_t\}_{t \in \mathcal{T}}$ は, 任意の $t_1, t_2 \in \mathcal{T}$ に対

138   A. 確 率 論 入 門

して，$t_1 < t_2$ ならば $\mathcal{F}_{t_1} \subset \mathcal{F}_{t_2} \subset \mathcal{F}$ を満たすとき，フィルトレーション (filtration) と呼びます.

フィルトレーションは情報増大列と呼ばれることもあります.

定義 A.35 (確率過程)　確率変数の列 $\{X_t\}_{t \in \mathcal{T}}$ を**確率過程** (stochastic process) と呼びます.

定義 A.36 (適合過程，可予測過程)　$X = \{X_t\}_{t \in \mathcal{T}}$ を確率過程，$\mathbb{F} = \{\mathcal{F}_t\}_{t \in \mathcal{T}}$ をフィルトレーションとします.
  1) 任意の $t \in \mathcal{T}$ で X_t が $\mathcal{F}_t$-可測のとき，X を $\mathbb{F}$-**適合過程** ($\mathbb{F}$-adapted process) と呼びます.
  2) 任意の $t \in \mathcal{T}$ で X_t が $\left(\cup_{s<t} \mathcal{F}_s \right)$-可測のとき，$X$ を $\mathbb{F}$-**可予測過程** ($\mathbb{F}$-predictable process) と呼びます.

定義 A.37 (マルチンゲール)　$\mathbb{F} = \{\mathcal{F}_t\}_{t \in \mathcal{T}}$ をフィルトレーションとします. 適合過程 $\{X_t\}_{t \in \mathcal{T}}$ は，$s < t$ であるような任意の $s, t \in \mathcal{T}$ に対して

$$\mathbb{E}[X_t \mid \mathcal{F}_s] = X_s \tag{A.40}$$

であるとき $\mathbb{F}$-**マルチンゲール** ($\mathbb{F}$-martingale) と呼ばれます.

マルチンゲールは，現在の情報を使って行う将来の予想 (期待値) が現在の値と等しい，ということを示しています. これは，ある種の公平さを持って確率過程と捉えることができます.

命題 A.38　$\mathcal{T} = \{0, 1, \ldots, T\}$ または $\mathcal{T} = [0, T]$，$\mathbb{F} = \{\mathcal{F}_t\}_{t \in \mathcal{T}}$ をフィルトレーションとします. 確率変数 X が $\mathcal{F}_T$-可測のとき $t \in \mathcal{T}$ に対して

$$X_t := \mathbb{E}[X \mid \mathcal{F}_t] \tag{A.41}$$

と定めると，確率過程 $\{X_t\}_{t \in \mathcal{T}}$ はマルチンゲールになります.

問 A.39　命題 A.38 を証明しなさい.

定義 A.40 (確率過程から生成されるフィルトレーション)　$X = \{X_t\}_{t \in \mathcal{T}}$ を確率過

A. 確率論入門 139

程とするとき，フィルトレーション $\{\mathcal{F}_t\}_{t\in\mathcal{T}}$，ただし

$$\mathcal{F}_t := \sigma(X_s; 0 \leq s \leq t) \tag{A.42}$$

を，確率過程 X から生成されたフィルトレーションと呼びます．

定義 A.41 (停止時刻) $\mathbb{F} = \{\mathcal{F}_t\}_{t\in\mathcal{T}}$ をフィルトレーションとします．確率変数 $\tau : \Omega \to \mathcal{T}$ は，任意の $t \in \mathcal{T}$ に対して

$$\{\tau \leq t\} \in \mathcal{F}_t \tag{A.43}$$

であるとき $\mathbb{F}$-停止時刻 ($\mathbb{F}$-stopping time) と呼びます．

停止時刻 τ は，"あることをやめる (あることが起こる) 時刻" で，時刻 t 以前にやめるかどうかは，時刻 t 以前の情報のみに基づいて決まっているときにそう呼ばれるわけです．

定義 A.42 (確率ベクトルと確率行列)

1) 確率変数からなるベクトル $\mathbf{X} := \begin{bmatrix} X_1 \\ X_2 \\ \vdots \\ X_m \end{bmatrix}$ を m 次元確率ベクトル (random

vector) と呼びます [8]．つまり，$\mathbf{X} : \Omega \to \mathbb{R}^m$ となります．

2) $\underset{(m\times 1)}{\mathbf{X}}$ と $\underset{(n\times 1)}{\mathbf{Y}}$ を確率ベクトルとするとき，期待値 (expectation) ベクトル，共分散 (covariance) 行列および分散 (variance) 行列を以下のように定義します．

$$\underset{(m\times 1)}{\mathbb{E}[\mathbf{X}]} := \begin{bmatrix} \mathbb{E}[X_1] \\ \mathbb{E}[X_2] \\ \vdots \\ \mathbb{E}[X_m] \end{bmatrix} \tag{A.44}$$

$$\underset{(m\times n)}{\mathrm{Cov}(\mathbf{X}, \mathbf{Y})} := \begin{bmatrix} \mathrm{Cov}(X_1, Y_1) & \mathrm{Cov}(X_1, Y_2) & \cdots & \mathrm{Cov}(X_1, Y_n) \\ \mathrm{Cov}(X_2, Y_1) & \mathrm{Cov}(X_2, Y_2) & \cdots & \mathrm{Cov}(X_2, Y_n) \\ \vdots & \vdots & \cdots & \vdots \\ \mathrm{Cov}(X_m, Y_1) & \mathrm{Cov}(X_m, Y_2) & \cdots & \mathrm{Cov}(X_m, Y_n) \end{bmatrix} \tag{A.45}$$

---

[8] m 次元確率ベクトルは $(\mathbb{R}^m, \mathcal{B}(\mathbb{R}^m))$ を状態空間とする確率変数と考えることもできます．

140　　　　　　　　　　A. 確 率 論 入 門

ただし，右辺の各要素である期待値や共分散が存在する場合にのみ左辺が存在します.

$$\mathrm{Var}(\mathbf{X}) \underset{(m \times m)}{:=} \mathrm{Cov}(\mathbf{X}, \mathbf{X}) \tag{A.46}$$

3) 確率変数からなる行列 $\underset{(m \times n)}{\mathbf{X}} := [X_{ij}]$ を**確率行列** (random matrix) と呼びます.

$$\mathbb{E}[\mathbf{X}] \underset{(m \times n)}{:=} \bigl[\mathbb{E}[X_{ij}]\bigr] \tag{A.47}$$

問 A.43 以下を証明しなさい.

1) $\mathbf{X}$ が m 次正方確率行列のとき，$\mathbb{E}[\mathrm{trace}(\mathbf{X})] = \mathrm{trace}(\mathbb{E}[\mathbf{X}])$.

2) $\underset{(m \times 1)}{\mathbf{X}}$ と $\underset{(n \times 1)}{\mathbf{Y}}$ が確率ベクトルのとき，$\underset{(m \times n)}{\mathrm{Cov}(\mathbf{X}, \mathbf{Y})} = \underset{(m \times n)}{\mathbb{E}[\mathbf{X}\mathbf{Y}^T]} - \underset{(m \times 1)}{\mathbb{E}[\mathbf{X}]} \underset{(1 \times n)}{\mathbb{E}[\mathbf{Y}]^T}$.

3) $\underset{(n \times m)}{\mathbf{a}}$ を (非確率) 行列，$\underset{(m \times 1)}{\mathbf{X}}$ を確率ベクトルとするとき，

　　a) $\mathbb{E}[\mathbf{a}\mathbf{X}] = \mathbf{a}\mathbb{E}[\mathbf{X}]$,

　　b) $\mathrm{Var}(\mathbf{a}\mathbf{X}) = \mathbf{a}\mathrm{Var}(\mathbf{X})\mathbf{a}^T$.

問 A.44 $\underset{(n \times 1)}{\mathbf{Y}}$ を確率ベクトル，$\underset{(n \times k)}{\mathbf{X}}$ を確率行列，$\underset{(k \times 1)}{\mathbf{b}}$ を (非確率) ベクトルとします. $\mathbf{E} := \mathbf{Y} - \mathbf{X}\mathbf{b}$ とおくとき，$\frac{\partial(\mathbf{E}^T\mathbf{E})}{\partial \mathbf{b}}$ を計算しなさい.

B

ブラウン運動

本章では時間領域は

$$\mathcal{T} := [0, T] \tag{B.1}$$

とします[*1].

定義 B.1 (ブラウン運動)　確率空間 $(\Omega, \mathcal{F}, \mathbb{P})$ 上で定義された確率過程 $W = \{W_t\}_{t \in \mathcal{T}}$ は，以下の条件を満たすとき，**標準ブラウン運動** (standard Brownian motion) と呼ばれます.

1) $W_0 = 0, \quad \mathbb{P}\text{-}a.s.$

2) 任意の $0 = t_0 \le t_1 \le t_2 \le \cdots \le t_{n-1} \le t_n = T$ に対して，$W_{t_{k+1}} - W_{t_k}$，$k = 0, \ldots, n-1$ は互いに独立な確率変数. この条件を**独立増分性** (independent increments) といいます.

3) 任意の $0 \le t \le t + h \le T$ に対して増分 $W_{t+h} - W_t$ は t に独立な分布を持ちます. この条件を**時間的一様性** (time homogeneity)，または**定常増分性** (stationary increments) といいます.

4) 確率変数 W_t は平均 0，分散 t の正規分布に従います.

5) 関数 $t \mapsto W_t$ はほとんど確実に連続です.

以下では $W = \{W_t\}_{t \in \mathcal{T}}$ を標準ブラウン運動，$\mathbb{F} = \{\mathcal{F}_t\}_{t \in \mathcal{T}}$ を $\{W_t\}_{t \in \mathcal{T}}$ で生成されたフィルトレーションとします.

定理 B.2　確率過程 $W = \{W_t\}_{t \in \mathcal{T}}$ は，$\mathbb{F}$-マルチンゲールです.

ブラウン運動による積分を以下のように定義します.

[*1]　$\mathcal{T} := [0, +\infty)$ としてもほとんど同じ議論ができます.

142 　　　　　　　　　　　　B.　ブラウン運動

定義 B.3 (伊藤積分)

$$L^2 := \left\{ X = \{X_t\}_{t \in \mathcal{T}} \mid \mathbb{F}\text{-適合過程で } \mathbb{E}\left[\int_0^T X_t^2 dt\right] < +\infty \right\} \tag{B.2}$$

とします. このとき $X \in L^2$ に対して, X の W に関する**伊藤積分** (Itô integral) I_t を以下のように定めます [*2)].

$$I_t := \int_0^t X_s dW_s := \lim_{\|\Pi_k\| \to 0} \sum_{m=1}^{n^{(k)}} X_{t_{m-1}^{(k)}} \left(W_{t_m^{(k)}} - W_{t_{m-1}^{(k)}}\right) \tag{B.3}$$

ただし $t \in [0, T]$ で Π_k は $[0, t]$ の分割 $0 = t_0^{(k)} < t_1^{(k)} < t_2^{(k)} < \cdots < t_{n^{(k)}}^{(k)} = t$ で

$$\|\Pi_k\| := \max_{m=1,\ldots,n^{(k)}} (t_m^{(k)} - t_{m-1}^{(k)}) \tag{B.4}$$

このとき, 以下の伊藤の公式が成立します.

定理 B.4 (伊藤の公式 (1 次元版))　$\mathbb{F}$-適合な確率過程 $\{X_t\}_{t \in \mathcal{T}}$ が $t \in \mathcal{T}$ に対して確率微分方程式

$$dX_t = \mu(t, X_t)dt + \sigma(t, X_t)dW_t \tag{B.5}$$

の解であるとします. ただし $\mu : \mathbb{R}_+ \times \mathbb{R} \to \mathbb{R}$ はドリフトを, また $\sigma : \mathbb{R}_+ \times \mathbb{R} \to \mathbb{R}$ は拡散係数を表します [*3)].

　このとき, 第 1 引数に関して 1 階偏微分, 第 2 引数に関して 2 階偏微分可能な関数 $f : \mathbb{R}_+ \times \mathbb{R} \to \mathbb{R}$ を使って新しい確率過程 $Y_t := f(t, X_t)$ を定義すると, 以下が成り立ちます.

$$dY_t = \left[\frac{\partial}{\partial t} + \mathcal{L}_{t,X_t}\right] f(t, X_t)dt + \sigma(t, X_t)\frac{\partial}{\partial x} f(t, X_t)dW_t \tag{B.6}$$

ただし

$$\mathcal{L}_{t,x} := \mu(t, x)\frac{\partial}{\partial x} + \frac{1}{2}\sigma^2(t, x)\frac{\partial^2}{\partial x^2} \tag{B.7}$$

(B.6) を積分形で書くと $0 \leq t_0 \leq t \leq T$ に対してつぎのようになります.

$$Y_t = Y_{t_0} + \int_{t_0}^t \left[\frac{\partial}{\partial t} + \mathcal{L}_{s,X_s}\right] f(s, X_s)ds + \int_{t_0}^t \sigma(s, X_s)\frac{\partial}{\partial x} f(s, X_s)dW_s \tag{B.8}$$

[*2)] (B.3) の最右辺は確率変数の収束を表しています. この本では述べませんが, 一般に確率変数の収束には数種類あり, これは **2 乗平均収束** (convergence in mean square) と呼ばれる収束です.

[*3)] μ と σ には適当な正則条件が必要ですが, この本では割愛します.

(B.8) の 2 番目の積分は伊藤積分です.

ブラウン運動を要素とする確率ベクトル $\mathbf{W}_t \atop (n \times 1) := \begin{bmatrix} W_{1,t} \\ W_{2,t} \\ \vdots \\ W_{n,t} \end{bmatrix}$ を n 次元ブラウン運

動と呼びます. 今, $\mathbb{F} = \{\mathcal{F}_t\}_{t \in \mathcal{T}}$ を $\{\mathbf{W}_t\}_{t \in \mathcal{T}}$ で生成されたフィルトレーションと
すると, 以下の m 次元に一般化した伊藤の公式が成り立ちます.

定理 B.5 (伊藤の公式 (m 次元版)) $\mathbb{F}$-適合な n 次元確率過程 $\{\mathbf{X}_t\}_{t \in \mathcal{T}}$, つまり

$\mathbf{X}_t \atop (m \times 1) := \begin{bmatrix} X_{1,t} \\ X_{2,t} \\ \vdots \\ X_{m,t} \end{bmatrix}$ が $t \in \mathcal{T}$ に対して確率微分方程式

$$\underset{(m \times 1)}{d\mathbf{X}_t} = \underset{(m \times 1)}{\mu(t, \mathbf{X}_t)} dt + \underset{(m \times n)}{\sigma(t, \mathbf{X}_t)} \underset{(n \times 1)}{d\mathbf{W}_t} \tag{B.9}$$

の解であるとします. ただし $\mu : \mathbb{R}_+ \times \mathbb{R}^m \to \mathbb{R}^m$ はドリフトを表す m 次元ベクト
ル値関数です, また $\sigma : \mathbb{R}_+ \times \mathbb{R} \to \mathbb{R}^m \times \mathbb{R}^n$ は拡散係数を表す $m \times n$ 行列値関数
です.

このとき, 第 1 引数に関して 1 階偏微分, 第 2 引数以降に関して 2 階偏微分可能な
関数 $f : \mathbb{R}_+ \times \mathbb{R}^m \to \mathbb{R}$ を使って新しい確率過程 $Y_t := f(t, \mathbf{X}_t)$ を定義すると, 以
下が成り立ちます.

$$\underset{(1 \times 1)}{dY_t} = \left[\underset{(1 \times 1)}{\frac{\partial}{\partial t}} + \underset{(1 \times 1)}{\mathcal{L}_{t, \mathbf{X}_t}} \right] f(t, \mathbf{X}_t) dt + \left(\underset{(1 \times m)}{\frac{\partial}{\partial \mathbf{x}} f(t, \mathbf{X}_t)} \right)^T \underset{(m \times n)}{\sigma(t, \mathbf{X}_t)} \underset{(n \times 1)}{d\mathbf{W}_t} \tag{B.10}$$

ただし

$$\underset{(1 \times 1)}{\mathcal{L}_{t, \mathbf{x}}} := \underset{(1 \times m)}{(\mu(t, \mathbf{x}))^T} \underset{(m \times 1)}{\frac{\partial}{\partial \mathbf{x}}} + \frac{1}{2} \mathbf{Tr} \left(\underset{(m \times n)}{\sigma(t, \mathbf{x})} \underset{(n \times m)}{(\sigma(t, \mathbf{x}))^T} \underset{(m \times m)}{\frac{\partial^2}{\partial \mathbf{x} \partial \mathbf{x}^T}} \right) \tag{B.11}$$

ここで

$$\underset{(m \times 1)}{\frac{\partial}{\partial \mathbf{x}}} := \begin{bmatrix} \frac{\partial}{\partial x_1} \\ \frac{\partial}{\partial x_2} \\ \vdots \\ \frac{\partial}{\partial x_m} \end{bmatrix} \tag{B.12}$$

は勾配ベクトル (gradient) 演算子, また

144　　　　　　　　　　　　　B. ブラウン運動

$$
\frac{\partial^2}{\underset{(m \times m)}{\partial \mathbf{x} \partial \mathbf{x}^T}} :=
\begin{bmatrix}
\frac{\partial^2}{\partial x_1^2} & \frac{\partial^2}{\partial x_1 \partial x_2} & \cdots & \frac{\partial^2}{\partial x_1 \partial x_m} \\
\frac{\partial^2}{\partial x_2 \partial x_1} & \frac{\partial^2}{\partial x_2^2} & \cdots & \frac{\partial^2}{\partial x_2 \partial x_m} \\
\vdots & \vdots & \cdots & \vdots \\
\frac{\partial^2}{\partial x_m \partial x_1} & \frac{\partial^2}{\partial x_m \partial x_2} & \cdots & \frac{\partial^2}{\partial x_m^2}
\end{bmatrix}
\tag{B.13}
$$

はヘッセ行列 (Hessian) 演算子です.

C

ポアソン過程

定義 C.1 (計数過程)　確率空間 $(\Omega, \mathcal{F}, \mathbb{P})$ 上で定義された確率過程 $N = \{N_t\}_{t \in \mathcal{T}}$ は，$s, t \in \mathcal{T}$ に対して以下の条件を満たすとき，**計数過程** (counting process) と呼ばれます．

1) $N_t \geq 0$.
2) N_t は整数.
3) $s \leq t$ ならば $N_s \leq N_t$.

定義 C.2 (ポアソン過程)　計数過程 $N = \{N_t\}_{t \in \mathcal{T}}$ は，以下の条件を満たすとき，強度 $\lambda > 0$ を持つ**ポアソン過程** (Poisson process) と呼ばれます．

1) $N_0 = 0$,　$\mathbb{P}$-a.s.
2) 任意の $0 \leq s < t \leq u < v \leq T$ に対して，$N_t - N_s$ と $N_v - N_u$ は互いに独立な確率変数. この条件を**独立増分性** (independent increments) といいます.
3) 任意の $0 \leq t \leq t+h \leq T$ に対して増分 $N_{t+h} - N_t$ は t に独立な分布を持ちます. この条件を**時間的一様性** (time homogeneity)，または**定常増分性** (stationary increments) といいます.
4) 確率変数 N_t は強度 λt のポアソン分布に従います.

問 C.3　以下を確認しなさい.

1) N を強度 λ のポアソン過程とすると $0 \leq s < t \leq T$ に対して $N_t - N_s \sim \mathrm{Poi}(\lambda(t-s))$. つまり $n = 1, 2, \ldots$ のとき

$$\mathbb{P}(N_t - N_s = n) = \frac{(\lambda(t-s))^n}{n!} e^{-\lambda(t-s)} \tag{C.1}$$

2) 強度 0 のポアソン過程でジャンプが起こる確率は 0 です.

以下では $N = \{N_t\}_{t \in \mathcal{T}}$ を強度 λ を持つポアソン過程，$\mathbb{F} = \{\mathcal{F}_t\}_{t \in \mathcal{T}}$ を N で生

146   C. ポアソン過程

成されたフィルトレーションとします.

命題 C.4 $t > 0$ に対して

$$N_{t-} := \lim_{h \downarrow 0} N_{t-h}, \quad \Delta N_t := N_t - N_{t-} \tag{C.2}$$

とします. このとき $i \in \mathbb{N}$ に対して確率変数 τ_i を以下のように定義します.

$$\tau_0 := 0, \quad \tau_{i+1} := \inf\{t \mid t > \tau_i \text{ かつ } \Delta N_t \neq 0\} \tag{C.3}$$

すると $\tau_i \leq t < \tau_{i+1}$ ならば $N_t = i$ となります. さらに

$$\tau_{i+1} - \tau_i \sim \mathrm{Exp}(\lambda) \quad (\forall i \in \mathbb{N}) \tag{C.4}$$

問 C.5 命題 C.4 で定義した確率変数 τ_i は $\mathbb{F}$-停止時刻であることを示しなさい. (ヒント: $\{\tau_{i+1} \leq t\} = \{\tau_i < t \text{ かつ } N_{\tau_i} \neq N_t\}$ を示しなさい)

問 C.6 (C.4) から, ポアソン過程のジャンプ間の時間はそれぞれ強度 λ の指数分布に従うことがわかります. 一方, 逆にジャンプ間の時間が指数分布であるような計数過程があったとすると N_t はポアソン分布になります. これを以下のステップに従って示しなさい.

最初に $\{\tau_n\}_{n \in \mathbb{N}}$ を与えられた計数過程 $\{N_t\}_{t \in \mathcal{T}}$ のジャンプ時刻で $\tau_0 = 0$ かつ $\tau_{n+1} - \tau_n \sim \mathrm{Exp}(\lambda)$ とします.

1) $F_{\tau_n}(t) = 1 - e^{-\lambda t} \sum_{k=0}^{n-1} \frac{\lambda^k}{k!} t^k$. (ヒント : $\tau_n = \sum_{k=1}^{n} (\tau_k - \tau_{k-1})$ と (A.37) を用いなさい)

2) $\{N_t \leq n\} = \Omega - \{\tau_{n+1} \leq t\}$ $(t \in \mathcal{T},\ n \in \mathbb{N})$.

3) $\mathbb{P}(N_t \leq n) = e^{-\lambda t} \sum_{k=0}^{n} \frac{(\lambda t)^k}{k!}$.

4) $\mathbb{P}(N_t = n) = e^{-\lambda t} \frac{(\lambda t)^n}{n!}$.

命題 C.7 (補填ポアソン過程) 以下で定義される確率過程 $\hat{N} = \{\hat{N}_t\}_{t \in \mathcal{T}}$ は $\mathbb{F}$-マルチンゲールになります [*1].

$$\hat{N}_t := N_t - \lambda t \tag{C.5}$$

つぎに, 強度 λ が確率的に変動するポアソン過程を考えます.

[*1] $\hat{N}$ は補填ポアソン過程 (compensated Poisson process) と呼ばれます. 補填ポアソン過程は計数過程ではありません.

C. ポアソン過程　　　147

定義 C.8 (2重確率ポアソン過程)　$\lambda = \{\lambda_t\}_{t \in \mathcal{T}}$ を正値をとる可積分な確率過程とします. すると計数過程 $N = \{N_t\}_{t \in \mathcal{T}}$ は $s < t$ であるような任意の $s, t \in \mathcal{T}$ に対して以下の性質を持つとき **2重確率ポアソン過程** (doubly stochastic Poisson process) あるいはコックス過程 (Cox process) と呼ばれます.

$$\mathbb{P}\big(N_t - N_s = k \mid \sigma(\{N_u\}_{0 \leq u \leq s}, \{\lambda_u\}_{0 \leq u \leq t})\big) = \frac{\left(\int_s^t \lambda_u du\right)^k}{k!} e^{-\int_s^t \lambda_u du} \quad \text{(C.6)}$$

特に (C.6) の両辺の $\mathcal{F}_s := \sigma(\{N_u\}_{0 \leq u \leq s}, \{\lambda_u\}_{0 \leq u \leq s})$ に関する条件付き期待値を計算すると以下を得ます.

$$\mathbb{P}\big(N_t - N_s = k \mid \mathcal{F}_s\big) = \mathbb{E}\left[\frac{\left(\int_s^t \lambda_u du\right)^k}{k!} e^{-\int_s^t \lambda_u du} \mid \mathcal{F}_s\right] \quad \text{(C.7)}$$

命題 C.9 (補填2重確率ポアソン過程)　N が2重確率ポアソン過程ならば, 以下で定義される確率過程 $\hat{N} = \{\hat{N}_t\}_{t \in \mathcal{T}}$ は $\{\mathcal{F}_t\}_{t \in \mathcal{T}}$-マルチンゲールになります [*2)].

$$\hat{N}_t := N_t - \int_0^t \lambda_s ds \quad \text{(C.8)}$$

定義 C.10 (伊藤積分)　$X \in L^2$ に対して, $\{X_t \lambda_t\}_{t \in \mathcal{T}}$ が可積分なとき, X の $\hat{N}$ に関する伊藤積分 I_t を以下のように定めます [*3)].

$$I_t := \int_0^t X_{s-} d\hat{N}_s := \sum_{i=1}^{N_t} X_{\tau_i-} - \int_0^t X_s \lambda_s ds \quad \text{(C.9)}$$

ただし $t \in [0, T]$ で, τ_i は命題 C.4 で定義した停止時刻列です.

[*2)]　$\hat{N}$ は補填2重確率ポアソン過程 (compensated doubly stochastic Poisson process) と呼ばれます.

[*3)]　実際のところ右辺の積分は確率積分ではないので, 伊藤積分という名前は妥当ではないかもしれません.

D

リッカチ型微分方程式の解法例

1 変数関数 $h = h(t)$ が以下のリッカチ型 (Riccati type) 微分方程式を満たすときの解を与えます.

$$\frac{dh}{dt} + ph^2 + qh + r = 0 \tag{D.1}$$

$$h(T) = \rho \tag{D.2}$$

ただし, p, q, r, T, ρ は定数で, $p \neq 0$ かつ $q^2 - 4pr \neq 0$.

最初に, 2 次方程式 $px^2 + qx + r = 0$ のふたつの解を $\zeta^{\pm}$ とします.

$$\zeta^{\pm} := \frac{1}{2p}\left(-q \pm \sqrt{q^2 - 4pr}\right) \tag{D.3}$$

すると

$$ph^2 + qh + r = p(h - \zeta^+)(h - \zeta^-) \tag{D.4}$$

だから (D.1) より

$$\frac{\frac{dh}{dt}}{(h - \zeta^+)(h - \zeta^-)} = -p \tag{D.5}$$

一方, (D.5) を使うと

$$\frac{d}{dt}\left(\log \frac{h - \zeta^+}{h - \zeta^-}\right) = \left(\frac{1}{h - \zeta^+} - \frac{1}{h - \zeta^-}\right)\frac{dh}{dt} = \frac{(\zeta^+ - \zeta^-)\frac{dh}{dt}}{(h - \zeta^+)(h - \zeta^-)} = -p(\zeta^+ - \zeta^-) \tag{D.6}$$

(D.6) の最左辺と最右辺を t から T まで積分すると, 境界条件 (D.2) より

$$\log \frac{\rho - \zeta^+}{\rho - \zeta^-} - \log \frac{h - \zeta^+}{h - \zeta^-} = -p(\zeta^+ - \zeta^-)(T - t) \tag{D.7}$$

ここで

$$\beta := \frac{\rho - \zeta^+}{\rho - \zeta^-}, \quad \gamma := p(\zeta^+ - \zeta^-) \tag{D.8}$$

とおくと

D. リッカチ型微分方程式の解法例　　　　　149

$$\log \frac{h - \zeta^+}{h - \zeta^-} = \log \beta + \gamma(T - t) \tag{D.9}$$

つまり

$$\frac{h - \zeta^+}{h - \zeta^-} = \beta e^{\gamma(T-t)} \tag{D.10}$$

整理すると以下を得ます.

$$h(t) = \frac{\zeta^+ - \zeta^- \beta e^{\gamma(T-t)}}{1 - \beta e^{\gamma(T-t)}} \tag{D.11}$$

特に

$$\chi(t) := \beta e^{\gamma(T-t)} = \frac{\rho - \zeta^+}{\rho - \zeta^-} e^{p(\zeta^+ - \zeta^-)(T-t)} \tag{D.12}$$

とおけば

$$h(t) = \frac{\zeta^+ - \zeta^- \chi(t)}{1 - \chi(t)} \tag{D.13}$$

問 D.1　(D.13) に $t := T$ を代入して境界条件 (D.2) を満たしていることを確認しなさい.

E

機械学習入門

　機械学習 (machine learning; ML) は観測したデータ (サンプルの集合) に内在する特徴を取り出す技術です．これには大きく分けて教師あり学習，教師なし学習，それに強化学習の 3 種類があります．

　教師あり学習 (supervised learning) は，各サンプルにラベル (label) と呼ばれる (着目している) 特徴に関する**正解**を示す情報が付加されています．ラベルの集合を**教師データ**といい，これと推定結果を比較してシステムの構成要素であるニューロンの状態をアップデートすることで学習していきます．また学習結果は，サンプルが観測できたときの特徴の条件付確率として表現されます．第 7 章で利用する学習法は，この教師あり学習です．

　教師なし学習 (unsupervised learning) は，教師あり学習と違って，各サンプルにラベルはついていません．教師なし学習は，データを採取した母集団の確率分布，あるいはその確率分布の何らかの興味ある性質を学習します．これにより，教師なし学習はデータと特徴の間の因果関係のようなものを見出すことがあります．

　強化学習 (reinforcement learning)[*1] は上記ふたつとは違い，システム自身が環境に対して行動を起こし，それに対する環境からのフィードバックをあたかも教師データのように扱って学習していきます．碁で人間のチャンピオンを打ち負かした AlphaGo などは教師あり学習と強化学習を，またその AlphaGo に連戦連勝したという AlphaGo Zero は強化学習のみを用いていました[24)25)]．

　本章では，教師あり学習のメカニズムについて解説します．より包括的で詳細な解説は，たとえば巣籠[35)] を参照してください．またサンプル・コードはすべて Python で記述しています．

[*1] 日本語では**強制学習**と呼ばれることもあります．

E.1 ニューロン

機械学習の要となる技術のひとつにニューラル・ネットワーク (neural network) があります．これは人間の脳の構造を模したもので，ひとつひとつの脳細胞に相当するニューロン (neuron) が階層的に繋がった構造を持っています．

各ニューロンは図 E.1 のように，いくつかの入力と出力を持った $\mathbf{f}$ という節です．この図では K 個の入力と J 個の出力を持っているので，$\mathbf{f}$ を $\mathbf{f} : \mathbb{R}^K \to \mathbb{R}^J$ なる関数と考えることができます．言い換えれば，$\mathbf{f}$ は，K 次元ベクトルを J 次元ベクトルに対応させているわけです．

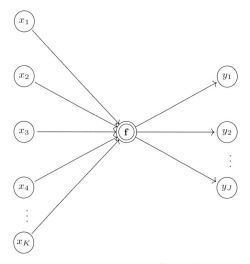

図 E.1　ニューロン $\mathbf{f} : \mathbb{R}^K \to \mathbb{R}^J$

それで，この $\mathbf{f}$ を $\mathbf{f} = (f_1, \ldots, f_J)$ のように J 個のスカラー値を持つ関数の列と考えれば，ひとつひとつの f_j は，図 E.2 のような出力信号がひとつだけのニューロンと考えることもできます．このようなニューロンを単ニューロン (simple neuron) と呼ぶことにしましょう．

実際の脳細胞では，入出力は電気信号で，ニューロンは，入力信号のある種の組み合わせが，閾値と呼ばれる値を超えると発火する，というような仕組みだそうですが，我々の人工ニューロンの振る舞いは，必ずしもそういうものだけに限定されるものではありません．

E. 機械学習入門

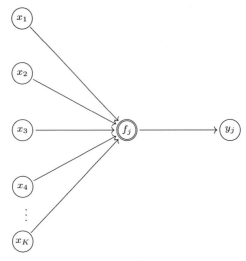

図 E.2　単ニューロン $f_j : \mathbb{R}^K \to \mathbb{R}$ $(j = 1, \ldots, J)$

　こうして導入されたニューロンを組み合わせたネットワークを使って我々がやろうとしていることはふたつあります．すなわち，**学習とテスト**，です．

　学習 (learning) は**訓練** (training) とも呼ばれますが，これは問題集に相当するデータを読んで勉強することです．このとき使うデータは**イン・サンプル・データ** (in-sample data) と呼ばれます．また問題集には解答がついているかもしれませんが，このような解答を**教師データ** (teacher data) と呼びます．

　問題集には 2 種類あります．**予測** (estimation) と**分類** (classification) です．文章で答える問題と選択式問題の違いと言えるでしょう．分類，つまり選択式の場合，選択肢がいくつあるかは問題集によって違います．

　このような (解答付き) 問題集での訓練を経て，つぎにやるのは**テスト** (test) です．このときは，問題に対応するデータはありますが，当然のことながら解答，つまり教師データはありません．テストのときに使うデータは**アウト・オブ・サンプル・データ** (out-of-sample data) と呼ばれ，これはイン・サンプル・データと共通部分があってはいけません．ここで共通部分がないというのは，それらのデータの観測時期や観測場所が異なる，ということです．異なる時期に観測したデータがたまたま同じ値を持っているのは構いません．

　このイン・サンプル・データとアウト・オブ・サンプル・データが別々に観測され

たもの，という縛りは，機械学習だけでなく，一般にバックテストの結果を統計処理するときなどにも非常に重要な作法です．たとえば，株価の変動を予測するモデルを作ったとして，そのモデルの性能を評価するためのバックテストをすることを考えてみましょう．もし過去6ヶ月分のデータがあったとすると，最初の4ヶ月分のデータを使って訓練を行い，残りの2ヶ月分のデータで，テストを行う，というような塩梅です．このときもし訓練でも使った期間を含んだデータを使ってテストをしたならば，それはある種のチーティングとみなせますから，正しくモデルの性能を評価できなくなります．

E.2　OLS

ひとつの観測できない確率変数を，いくつかの説明変数と呼ばれる観測可能な確率変数の線形結合によって近似して，予測する手法は，**最小二乗法** (least squares method) あるいは **OLS**(ordinary least squares) と呼ばれ，広く工学で使われています．本節では，この OLS を単ニューロンで表現して論じます．

以下のように表現できる単ニューロン f を**線形** (linear) と呼びます:

$$\underset{(n \times 1)}{\mathbf{y}} = \underset{(n \times K)}{\mathbf{X}} \underset{(K \times 1)}{\mathbf{b}}$$

ただし

$$\mathbf{y} := \begin{bmatrix} y_1 \\ y_2 \\ \vdots \\ y_n \end{bmatrix}, \quad \mathbf{X} := \begin{bmatrix} \mathbf{x_1}^T \\ \mathbf{x_2}^T \\ \vdots \\ \mathbf{x_n}^T \end{bmatrix}, \quad \mathbf{x_i} := \begin{bmatrix} x_{1,1} \\ \vdots \\ x_{1,K} \end{bmatrix}$$

線形ニューロン f は，対応する $\mathbf{b}$ が以下を満たすような真の β の **OLS 推定子** (OLS estimator) であるとき，OLS と呼ばれます [*2]．

$$\mathbf{y} = \underset{(n \times K)}{\mathbf{X}} \underset{(K \times 1)}{\beta} + \underset{(n \times 1)}{\varepsilon}$$

ここでベクトル $\mathbf{x_1}$ は，ドリフト (drift) 項 (またはバイアス (bias)) を表すために，その要素がすべて 1 であるかもしれません．

ML では，このような小標本集合をバッチ (batch) と呼びます．

[*2]　計量経済学において，OLS はもっとも基本的な道具です[16]．

よく知られているように，OLS 推定子 **b** は以下のようにして計算できます．

$$\mathbf{b} := (\mathbf{X}^T\mathbf{X})^{-1}\mathbf{X}^T\mathbf{y}$$

この式を使う限り，我々は ML を必要としません．以下は，実装例 (Python) で，β の推定値は w_ です．

```
def fit(self, X, y):
  self._set_Xy(X, y)
  self.w_ = np.linalg.inv(self.X_.T.dot(self.X_)) \
    .dot(self.X_.T).dot(self.y_)
  self._set_deviance()

def _set_deviance(self):
  self.residuals_ = self.y_ - self.X_.dot(self.w_)
  self.deviance_ = self.residuals_.T \
    .dot(self.residuals_)[0,0]
```

ただし，関数 fit と _set_deviance は，以下のクラス OLS のメンバ関数です．

```
class OLS(object):
  def __init__(self, fit_intercept=True):
    self.intercept_ = fit_intercept
  # ...
```

OLS では，説明変数の独立性や誤差分布の正規性などの条件を要求します．こうした前提条件を緩めた場合の推定法には，より一般的な勾配降下法 (gradient-decreasing-method) があります．

たとえば以下で示すクラス OLS のメンバ関数 fitGD は，勾配降下法で β を推定しようとしています．すなわち，最初の推定値としてはゼロ・ベクトルとし，その後誤差 (residuals_) を使って少しずつ修正する，という操作を指定された回数 (ここでは n_iter_) だけ繰り返すことによって，推定値の精度を上げています．

```
def fitGD(self, X, y):
  self._set_Xy(X, y)
  self.w_ = np.zeros((self.X_.shape[1], 1))
  self.cost_ = []
  for i in range(self.n_iter_):
    self._set_deviance()
    self.w_ += self.eta_ * self.X_.T.dot(self.residuals_)
    self.cost_.append(self.deviance_)
  self._set_deviance()
```

勾配降下法は，OLS のような前提条件が必要ないため，適用範囲が広くなります．一方，得られた予測値 (ベクトル) が，その近傍の空間の傾き方によって必ずしも最適解に近いとは限りません．特に初期値によっては真の値から遠のいてしまう可能性もあります．

E.3 ロジスティック回帰

ニューロンの出力ベクトルをスコア (score) と呼びます．分類問題の場合，このスコアを何らかの確率 ([0,1] の実数値) に変換する必要が生じます．そのときに使われるのが，シグモイド関数です．

a を正の実数とします．このときシグモイド関数 (sigmoid function) $\zeta_a : \mathbb{R} \to [0,1]$ は以下のように定義されます．

$$\zeta_a(x) := \frac{1}{1 + e^{-ax}} = \frac{\tanh\left(\frac{ax}{2}\right) + 1}{2}$$

逆に確率を実数値に広げる関数としてロジット関数 (logit function) $\mathrm{logit} : [0,1] \to \mathbb{R} \cup \{-\infty, +\infty\}$ があります．これは以下のように定義されます．

$$\mathrm{logit}(p) := \log \frac{p}{1-p}$$

シグモイド関数は，以下のような意味で，ロジット関数の逆関数になっています．

$$p = \zeta_1(x) \iff x = \mathrm{logit}(p)$$

これらの関数は，スコアから確率，あるいはその逆の変換に使われます．

なお，$p = \zeta_a(x)$ のときには，以下のように微分が書けます．

$$\frac{dp}{dx} = ap(1-p)$$

ロジスティック回帰 (logistic regression) は，OLS で y_i の代わりに $\mathrm{logit}(p_i)$ を使います．実装例は，以下のとおりです：

```python
def fit(self, eta=0.1, n_iter=50):
  np.random.seed()
  self.w = np.random.randn(3)
  for i in range(n_iter):
    list = np.array(range(self.N))
    np.random.shuffle(list)
    for n in list:
      x, y = self.X[n, :]
      t = self.T[n]
      feature = self._add_one(x, y)
      predict = sigmoid(np.inner(self.w, feature))
      self.w -= eta * (predict - t) * feature
      eta *= 0.9

def _add_one(self, x, y):
  return np.array([x, y, 1])
```

シグモイド関数のように，スコアを $[0,1]$ 区間に標準化する関数を**活性化関数** (activation function) と呼びます．活性化関数 h は図 E.3 のように，各ニューロンの出力スコアを $[0,1]$ 区間に標準化するために使われます．本書では，活性化関数として，シグモイド関数を使います．

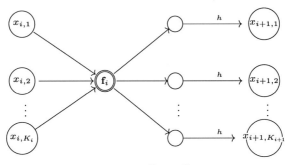

図 E.3　層 $\mathbb{R}^{K_i} \to \mathbb{R}^{K_{i+1}}$

ニューロンと活性化関数を組みにしたひとまとまりを**層** (layer) と呼びます．

E.4　ニューラル・ネットワークの基本構造

ニューラル・ネットワーク (neural network) は，層を重ねたもので，その最終段の層は，予測か分類かという目的によって異なったものになります．

たとえば，分類問題で一番高確率のクラスを選ぶのならば，図 E.4 のような層になるでしょう．

関数 $\mathbf{f}_i$ が以下のような形をしているとき，その層は**アフィン層** (affine layer) と呼

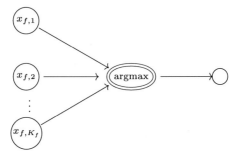

図 E.4　分類問題の最終段層の例

E.4 ニューラル・ネットワークの基本構造

ばれます.

$$\mathbf{x}_{i+1} \underset{(K_{i+1}\times 1)}{:=} \mathbf{W}_i^T \underset{(K_{i+1}\times K_i)}{} \mathbf{x}_i \underset{(K_i\times 1)}{} + \mathbf{b}_i \underset{(K_{i+1}\times 1)}{}$$

言い換えれば

$$\mathbf{x}_{i+1}^T \underset{(1\times K_{i+1})}{:=} \mathbf{x}_i^T \underset{(1\times K_i)}{} \mathbf{W}_i \underset{(K_i\times K_{i+1})}{} + \mathbf{b}_i^T \underset{(1\times K_{i+1})}{}$$

ここで $\mathbf{b}_i$ を $\mathbf{W}_i$ の第 1 列に吸収させることによってバイアス項を消去できますが,実はこれはそれほど素晴らしいアイデアではありません.というのも,いくつかのアフィン層を重ねていくと新たな複雑さが導入されてしまうからです.

関数 $\mathbf{f}_i : \mathbb{R}^{K_i} \to \mathbb{R}^{K_i}$ (つまり,$K_{i+1} = K_i$) は,以下のように定義されているとき,ソフトマックス層 (softmax layer) と呼ばれます.

$$x_{i+1,j} := \frac{e^{x_{i,j}}}{\sum_{k=1}^{K_i} e^{x_{i,k}}}$$

明らかに,ソフトマックス関数 $\mathbf{f}_i$ は,K_i 個の点に散らばる確率分布を与えます.さらにその偏導関数は以下で与えられる点に注意しておいてください.

$$\frac{\partial x_{i+1,j}}{\partial x_{i,k}} = \begin{cases} x_{i+1,j}(1 - x_{i+1,j}) & (j = k \text{ のとき}) \\ -x_{i+1,k}x_{i+1,j} & (j \neq k \text{ のとき}) \end{cases}$$

以下は,3 層のニューラル・ネットワークでテストをするコードの実装例です:

```python
def predict(self, z):
  a1 = self._add_ones(z).dot(self.W1)  # affine layer
  z1 = sigmoid(a1)
  a2 = self._add_ones(z1).dot(self.W2) # affine layer
  z2 = sigmoid(a2)
  a3 = self._add_ones(z2).dot(self.W3) # affine layer
  return softmax(a3)

def do_test(self):
  accuracy_cnt = 0
  for i in range(len(self.x_test_)):
    t = self.x_test_[i]
    y = self.predict(t.reshape(1,len(t)))
    p= np.argmax(y)             # result
    if p == self.t_test_[i]:  # matches its teacher data
      accuracy_cnt += 1
  return float(accuracy_cnt) / len(self.x_test_)
```

ただし関数 predict と do_test は概ね以下のように定義されたクラスのメンバ関数です.

```
class Ita3(ItaNet): # 3 layers Ita network
  def _init(self):
    super(Ita3, self).__init__()
  # ...
```

E.5 訓　　　練

前節までの話では，具体的にどのようにしてニューラル・ネットワークを訓練する
か，という点に触れていませんでした．

本節では，分類問題にフォーカスすることによって，機械学習の中心に踏み入って
みます．

ポイントは，以下の 2 点です:

1) 最終段層で，教師データに対して推定結果をどのように評価するか，

2) どのようにして各ニューロン (層) での評価を後ろ向きに伝播させるか，そして
それらを使ってどのようにして重み行列とバイアス・ベクトルをキャリブレー
トしていくか．

これらふたつの点を以下のサブセクションで順番に解説します．

E.5.1　最終段層での評価

我々の問題は，入力データに応じて K_f 個のクラスのなかのひとつを選ぶ，という
ものです．このときの教師データは，以下のような $(K_f \times 1)$ 次元のベクトル $\mathbf{t}$ で表
現される実現分布になります．

$$t_k = \begin{cases} 1 & (\text{もし } k \text{ が実現クラスならば}) \\ 0 & (\text{そうでなければ}) \end{cases}$$

ここで，推定値が $(K_f \times 1)$ 次元のベクトル $\mathbf{p}$ で以下のような性質を持つ，すなわち
確率分布とみなせるとします．

$$p_k > 0 \, (k = 1, 2, \ldots, K_f), \quad \sum_{i=1}^{K_f} p_i = 1$$

ただし $\mathbf{p} = [p_1, \ldots, p_{K_f}]^T$ です．

このとき，交差エントロピー誤差 (cross entropy error) $H(\mathbf{t}, \mathbf{p})$ を以下のように
定義します．

$$H(\mathbf{t}, \mathbf{p}) := -\mathbf{t}^T \log(\mathbf{p})$$

我々のゴールは，最終段層の出力で観測される $L := H(\mathbf{t}, \mathbf{p})$ (これを損失関数 (loss

E.5 訓　　　練　　　　　　　*159*

function) と呼ぶことがあります) を最小化することです.

では, 最終段層における $\frac{\partial L}{\partial \mathbf{x}}$ を求めてみましょう.

最終段層 $\mathbb{R}^K \to \mathbb{R}^J$ では, ソフトマックス関数を使って確率分布に変換した後, 交差エントロピー誤差を適用して損失関数 L を計算します. 今,

$$\mathbf{p} := \mathrm{softmax}(\mathbf{x}), \quad L := H(\mathbf{t}, \mathbf{p})$$

とすると, 以下を得ます.

$$\frac{\partial p_j}{\partial x_k} = \begin{cases} p_k(1 - p_k) & (j = k \text{ のとき}) \\ -p_k p_j & (j \neq k \text{ のとき}) \end{cases}, \quad \frac{\partial L}{\partial p_j} = -\frac{t_j}{p_j}$$

すなわち

$$\frac{\partial L}{\partial x_k} = \sum_{j=1}^{J} \frac{\partial L}{\partial p_j} \frac{\partial p_j}{\partial x_k} = p_k \left(\frac{\partial L}{\partial p_k} - \sum_{j=1}^{J} p_j \frac{\partial L}{\partial p_j} \right) = p_k - t_k$$

したがって

$$\frac{\partial L}{\partial \mathbf{x}} = \mathbf{p} - \mathbf{t}$$

最終段層の実装例は以下のとおりです:

```python
class SoftmaxWithLoss:
  def __init__(self):
    self.loss = None
    self.y = None # softmaxの出力
    self.t = None # 教師データ

  def forward(self, x, t):
    self.t = t
    self.y = softmax(x)
    self.loss = cross_entropy_error(self.y, self.t)
    return self.loss

  def backward(self, dout=1):
    batch_size = self.t.shape[0]
    if self.t.size == self.y.size:
      dx = (self.y - self.t) / batch_size
    else:
      dx = self.y.copy()
      dx[np.arange(batch_size), self.t] -= 1
      dx = dx / batch_size
    return dx
```

E.5.2 中間層: 評価の伝搬

前節で求めた損失関数の評価を，前段へ前段へと逆向きに伝搬させていくのが，この節のテーマです．

こうした (時間の) 進行方向とは逆の向きの伝搬を**後退伝搬** (backward propagation) といいます．

具体的には，損失関数 L の値に応じて重み行列 $\mathbf{W}_i$ とバイアス・ベクトル $\mathbf{b}_i$ を更新することによって学習していきます．

さらに細かい手順は以下のとおりです:
1) 各ノード x ごとに $\frac{\partial L}{\partial x}$ を計算する．
2) アフィン層のなかで $\frac{\partial L}{\partial w_{k,j}}$ と $\frac{\partial L}{\partial b_j}$ を計算する．
3) 重みとバイアスを以下のようにして更新する．

$$w_{k,j} := w_{k,j} - \eta \frac{\partial L}{\partial w_{k,j}}$$

$$b_j := b_j - \eta \frac{\partial L}{\partial b_j}$$

ただし η は**学習率** (learning rate) と呼ばれる定数です．

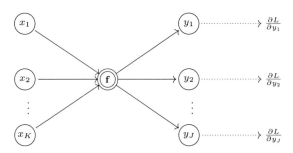

図 E.5 偏微分係数 $\frac{\partial L}{\partial x}$ の後退伝搬

計算は基本的に，以下のような合成関数の微分です．

$$\frac{\partial L}{\partial x_k} = \sum_{j=1}^{J} \frac{\partial L}{\partial y_j} \frac{\partial y_j}{\partial x_k} = \frac{\partial L}{\partial \mathbf{y}^T} \frac{\partial \mathbf{y}}{\partial \mathbf{x}}$$

つまり，計算の必要があるのは偏微分係数 $\frac{\partial y_j}{\partial x_k}$ だけということになります．

N 組のデータを同時に処理する，いわゆるバッチ版のアフィン層を考えます．
これは以下のように行列を使ってコンパクトに書けます．

$$\mathop{\mathbf{Y}}_{(N\times J)} := \mathop{\mathbf{X}}_{(N\times K)}\mathop{\mathbf{W}}_{(K\times J)} + \mathop{\begin{bmatrix} \mathbf{b}^T \\ \vdots \\ \mathbf{b}^T \end{bmatrix}}_{(N\times J)}$$

ここで

$$\mathop{\mathbf{Y}}_{(N\times J)} := \begin{bmatrix} \mathbf{y}_1^T \\ \vdots \\ \mathbf{y}_N^T \end{bmatrix}, \quad \mathop{\mathbf{X}}_{(N\times K)} := \begin{bmatrix} \mathbf{x}_1^T \\ \vdots \\ \mathbf{x}_N^T \end{bmatrix}$$

したがって

$$y_{n,j} = \sum_{k=1}^{K} x_{n,k} w_{k,j} + b_j$$

さらに，以下に注意してください．

$$\frac{\partial y_{n,j}}{\partial x_{n,k}} = w_{k,j}, \quad \frac{\partial y_{n,i}}{\partial w_{k,j}} = \begin{cases} x_{n,k} & (i=j, \text{のとき}) \\ 0 & (i \neq j \text{ のとき}) \end{cases}, \quad \frac{\partial y_{n,i}}{\partial b_j} = \begin{cases} 1 & (i=j \text{ のとき}) \\ 0 & (i \neq j \text{ のとき}) \end{cases}$$

　以上を使って，アフィン層の偏微分係数を計算してみましょう．ただし，$\frac{\partial L}{\partial \mathbf{Y}}$ の値がすでにわかっているとします．すると，

$$\frac{\partial L}{\partial x_{n,k}} = \sum_{j=1}^{J} \frac{\partial L}{\partial y_{n,j}} \frac{\partial y_{n,j}}{\partial x_{n,k}} = \sum_{j=1}^{J} \frac{\partial L}{\partial y_{n,j}} w_{k,j}$$

したがって

$$\mathop{\frac{\partial L}{\partial \mathbf{X}}}_{(N\times K)} = \mathop{\frac{\partial L}{\partial \mathbf{Y}}}_{(N\times J)} \mathop{\mathbf{W}^T}_{(J\times K)}$$

$$\frac{\partial L}{\partial w_{k,j}} = \sum_{n=1}^{N} \sum_{i=1}^{J} \frac{\partial L}{\partial y_{n,i}} \frac{\partial y_{n,i}}{\partial w_{k,j}} = \sum_{n=1}^{N} \frac{\partial L}{\partial y_{n,j}} x_{n,k}$$

ゆえに

$$\mathop{\frac{\partial L}{\partial \mathbf{W}}}_{(K\times J)} = \mathop{\mathbf{X}^T}_{(K\times N)} \mathop{\frac{\partial L}{\partial \mathbf{Y}}}_{(N\times J)}$$

$$\frac{\partial L}{\partial b_j} = \sum_{n=1}^{N} \sum_{i=1}^{J} \frac{\partial L}{\partial y_{n,i}} \frac{\partial y_{n,i}}{\partial b_j} = \sum_{n=1}^{N} \frac{\partial L}{\partial y_{n,j}}$$

したがって

$$\mathop{\frac{\partial L}{\partial \mathbf{b}}}_{(J\times 1)} = \mathop{\frac{\partial L}{\partial \mathbf{Y}^T}}_{(J\times N)} \mathop{\mathbf{1}}_{(N\times 1)}$$

　以上の結果を使ったアフィン層の実装例は以下のとおりです：

162   E. 機械学習入門

```python
class Affine:
  def __init__(self, W, b):
    self.W =W
    self.b = b
    self.x = None
    self.dW = None
    self.db = None

  def forward(self, x):
    self.x = x
    y = self.x.dot(self.W) + self.b
    return y

  def backward(self, dy):
    dx = dy.dot(self.W.T)
    self.dW = self.x.T.dot(dy)
    self.db = np.sum(dy, axis=0)
    return dx
```

文　　献

1) Joseph Abate and Ward Whitt. Computing Laplace transforms for numerical inversion via continued fractions. *INFORMS Journal on Computing*, 11(4):394–405, 1999.

2) Emmanuel Bacry and Jean-François Muzy. Hawkes model for price and trades high-frequency dynamics. *Quantitative Finance*, 14(7):1147–1166, 2014.

3) Haim Bodek. *The Problem of HFT*. Decimus Capital Markets, 2013.

4) Eric Budish, Peter Cramton and Joh Shim. The high-frequency trading arms race: frequent batch auctions as a market design response. *Quarterly Journal of Economics*, 130(4):1547–1621, 2015.

5) Marek Capiński and Ekkehard Kopp. *Measure, Integral and Probability*. Springer-Verlag, London, 2nd edition, 2004. (邦訳：「測度と積分―入門から確率論へ」, 二宮祥一・原啓介共訳, 培風館, 2008).

6) Álvaro Cartea, Sebastian Jaimungal and José Penalva. *Algorithmic and High-Frequency Trading*. Cambridge University Press, 2015.

7) Rama Cont, Sasha Stoikov and Rishi Talreja. A stochastic model for order book dynamics. *Operations Research*, 58(3):549–563, 2010.

8) James R. Craig. Laplace inversion source code. C++ code, 2010.

9) F. R. De Hoog, J. H. Knight and A. N. Stokes. An improved method for numerical inversion of Laplace transforms. *SIAM Journal of Scientific and Statisitical Computing*, 3(3):357–366, 1982.

10) Marcos López de Prado. *Advances in Financial Machine Learning*. Wiley & Sons, 2018.

11) Thomas L. Friedman. *The World is Flat*. Farrar, Straus and Giroux, 2005.

12) Ian Goodfellow, Yoshua Bengio and Aaron Courville. *Deep Learning*. MIT Press, 2016.

13) Greg N. Gregoriou editor. *Handbook of High Frequency Trading*. Academic Press, 2015.

14) Stanford J. Grossman and Merton H. Miller. Liquidity and market structure. *Journal of Finance*, 43(3):617–633, 1988.

15) Martin T. Hagan, Howard B. Demuth, Mark H. Beale and Orlando De Jesús. *Neural network design*. Martin Hagan, 2nd edition, 2016.

16) Fumio Hayashi. *Econometrics*. Princeton University Press, 2000.

17) Michael Lewis. *Flash Boys*. Penguin, 2014. (邦訳：「フラッシュ・ボーイズ」, 渡会

圭子・東江一紀共訳, 文藝春秋, 2014).

18) Andreu Mas-Colell, Michael D. Whinston and Jerry R. Green. *Microeconomic Theory*. Oxford University Press, 1995.

19) Bernt Øksendal and Agnés Sulem. *Applied Stochastic Control of Jump Diffusions*. Springer-Verlag, 3rd edition, 2009.

20) Raúl Rojas. *Neural networks*. Springer, 1996.

21) Gilo Rosenberg, Poya Haghnegahdar, Phil Goddard, Peter Carr, Kesheng Wu and Marcos López de Prado. Solving the optimal trading trajectory problem using a quantum annealer. *IEEE Journal of Selected Topics in Signal Processing*, 10(6):1053–1060, 2016.

22) Taiga Saito, Takanori Adachi, Teruo Nakatsuma, Akihiko Takahashi, Hiroshi Tsuda, and Naoyuki Yoshino. Trading and ordering patterns of market participants in high frequency trading environment - empirical study in the japanese stock market. To appear in Asia-Pacific Financial Market, 2018.

23) Kevin Sheppard. Introduction to Python for econometrics, statistics and data analysis. Available at https://www.kevinsheppard.com/images/b/b3/Python_introduction 2016.pdf, Feb 1 2018.

24) David Silver. Mastering the game of Go with deep neural networks and tree search. *Nature*, 529:484–489, 2016.

25) David Silver. Mastering the game of Go without human knowledge. *Nature*, 550:354–359, 2017.

26) Richard M. Stallman. *Free Software, Free Society*. GNU Press, 2002.

27) Bjarne Stroustrup. *Programming: Principles and Practice Using C++*. Addison-Wesley, 2nd edition, 2014.

28) Csaba Szepesvári. *Algorithms for Reinforcement Learning*. Morgan and Claypool, 2010. (邦訳:「速習 強化学習」, 小山田創哲・前田新一・小山雅典共訳, 共立出版, 2017).

29) Steven Tadelis. *Game Theory, An Introduction*. Princeton University Press, 2013.

30) Mingsheng Ying. Quantum computation, quantum theory and AI. *Artificial Intelligence*, 174:162–176, 2010.

31) M. A. エリス, B. ストラウストラップ. 足立高徳, 小山裕司 訳. 注解 C++リファレンス・マニュアル. アジソン ウェスレイ・トッパン, 1992.

32) 井出剛, 杉山将. 異常検知と変化検知. 講談社, 2015.

33) 保坂豪. 東京証券取引所における high-frequency trading の分析. 証券アナリストジャーナル, 52(6):73–82, 2014.

34) 原啓介. 測度・確率・ルベーグ積分: 応用への最短コース. 講談社, 2017.

35) 巣籠悠輔. 詳解ディープラーニング. マイナビ出版, 2017.

36) 斎藤康毅. ゼロから作る Deep Learning. O'Reilly, 2016.

37) 本山美彦. 人工知能と 21 世紀の資本主義. 明石書店, 2015.

38) 村上世彰. 生涯投資家. 文藝春秋, 2017.

39) 長井英生. 確率微分方程式. 共立出版, 1999.

索　引

Symbols

$\mathbb{F}$-adapted process($\mathbb{F}$-適合過程)　138

$\mathbb{F}$-martingale($\mathbb{F}$-マルチンゲール)　138

$\mathbb{F}$-predictable process($\mathbb{F}$-可予測過程)　138

$\mathbb{F}$-stopping time($\mathbb{F}$-停止時刻)　139

$\mathcal{F}_t$-adapted process($\mathcal{F}_t$-適合過程)　13

$\mathcal{F}_t$-predictable process($\mathcal{F}_t$-可予測過程)　13

$\mathcal{G}$-measurable($\mathcal{G}$-可測)　130

σ-algebra(σ-加法族)　129

A

activation function(活性化関数)　156

active(能動的)　35

adjusted R-square(自由度調整済み決定係数)　17

admissible set(許容集合)　81

admissible(許容的)　62

affine layer(アフィン層)　156

algorithm(アルゴリズム)　1

algorithmic business(アルゴリズム・ビジネス)　7

algorithmic trading(アルゴリズム取引)　1

alpha generator(アルファ生成器)　109

alpha(アルファ)　20

alternative data(代替データ)　125

anomaly detection(異常検知)　73

Arrow Head(アロー・ヘッド)　7

artificial intelligence; AI(人工知能)　5

ask price(最良売り気配)　28

B

backtesting(バックテスト)　110

backward propagation(後退伝搬)　160

batch(バッチ)　153

bias(バイアス)　153

bid price(最良買い気配)　28

bid-ask spread(スプレッド)　29

birth rate(出生率)　58

birth-death process(出生死滅過程)　58

bit(ビット)　126

Black-Scholes equation(Black-Scholes 方程式)　14

Borel field(ボレル集合族)　130

bot(ボット)　98

box(計算機)　113

C

cash process(現金過程)　79

classification(分類)　152

closed-form(閉形式)　124

co-location(コロケーション)　116

code(コード)　98

compensated doubly stochastic Poisson process(補填 2 重確率ポアソン過程)　147

compensated Poisson process(補填ポアソ

ン過程) 146
compliance(法令遵守) 114
computer program(コンピュータ・プログラム) 1
conditional expectation(条件付期待値) 133
conditional probability(条件付確率) 133
continued fraction(連分数) 59
control process(制御過程) 81
control(制御) 37
convergence in mean square(2 乗平均収束) 142
convolution(畳み込み) 136
counting process(計数過程) 145
covariance(共分散) 131, 139
Cox process(コックス過程) 147
cross entropy error(交差エントロピー誤差) 158
cumulative distribution function; CDF(累積分布関数) 135

D

dark pool(ダーク・プール) 34, 91
death rate(死滅率) 58
deterministic HFT(決定論的 HFT) 117
diffusion process(拡散過程) 81
doubly stochastic Poisson process(2 重確率ポアソン過程) 147
drift(ドリフト) 153
dynamic programming principle(動的プログラミング原理) 81

E

estimation(予測) 152
execution price(約定価格) 79
execution(約定) 27
exhcange arbitrage(市場間裁定取引) 115
exit time(脱出時刻) 79, 81
expectation(期待値) 131, 139
exponential distribution(指数分布) 136

exponential utility function(指数効用関数) 37

F

filtration(フィルトレーション) 138
Financial Information eXchange protocol(FIX プロトコル) 107
flash crash(フラッシュ・クラッシュ) 121
front running(フロント・ランニング) 117
fundamental value(ファンダメンタル価値) 79

G

gradient(勾配ベクトル) 143
gradient-decreasing-method(勾配降下法) 154
Granger causality(グレンジャー因果) 125
graphic user interface; GUI(グラフィック利用者界面) 104

H

Hamilton-Jacobi-Bellman equation(Hamilton-Jacobi-Bellman 方程式) 81
Hawkes process(Hawkes 過程) 69
Hessian(ヘッセ行列) 144
high frequency trading; HFT(高頻度取引) 1
historical data(過去データ) 70

I

implementation(実装) 20
in-sample data(イン・サンプル・データ) 152
independent increments(独立増分性) 141, 145
independent(独立) 134

索　　引　　167

integrable(可積分)　131
intensity(強度)　135
inventory process(在庫過程)　79
inverse Laplace transform(逆ラプラス変換)　58
Itô integral(伊藤積分)　142
Itô's formula(伊藤の公式)　14

L

label(ラベル)　150
Laplace transform(ラプラス変換)　55
latency(遅延)　113
layer(層)　156
learning rate(学習率)　160
learning(学習)　152
least squares method(最小二乗法)　153
Lebesgue integral(ルベーグ積分)　131
limit order book; LOB(板情報)　28
limit order(指値注文)　26
line handlers(ライン制御)　108
line(回線)　113
linear(線形)　153
liquidation process(流動化過程)　79
liquidation trader(流動化トレーダー)　35
liquidity discount(流動性割引)　42
lit market(リット市場)　91
LOB process(板情報過程)　64
logic(ソフトウェア)　113
logistic regression(ロジスティック回帰)　155
logit function(ロジット関数)　155
loss function(損失関数)　158

M

machine learning; ML(機械学習)　150
market maker(マーケット・メーカー)　35
market order(成行注文)　27
Markov process(マルコフ過程)　61
microwave trading(マイクロ波取引)　115
mid-price(仲値)　29

model risk(モデル・リスク)　77

N

neural network(ニューラル・ネットワーク)　151, 156
neuron(ニューロン)　151
normal distribution(正規分布)　137

O

object(オブジェクト)　104
OLS estimator(OLS 推定子)　153
OLS(ordinary least squares)　153
operation(オペレーション)　20
ordinary least squares(OLS)　153
out-of-sample data(アウト・オブ・サンプル・データ)　152

P

passive(受動的)　35
permanent market impact(恒久的市場インパクト)　79
persistency(継続性)　108
Poisson distribution(ポアソン分布)　135
Poisson process(ポアソン過程)　145
preprocessor(前処理プログラム)　102
price grid(価格格子)　62
probabililty measure(確率測度)　130
probability density function; PDF(確率密度関数)　135
probability distribution(確率分布)　135
probability space(確率空間)　130
profit generator(利益製造機)　99
program trading(プログラム取引)　6
proprietary trading system; PTS(私設取引市場)　26

Q

quantum computing(量子コンピューティ

ング) 126
quantum entanglement(量子もつれ) 126
quantum quants(量子クォンツ) 126
quantum risk theory(量子リスク理論)
　121
qubit(量子ビット) 126
quote(気配値) 28

R

R-square(決定係数) 17
random matrix(確率行列) 140
random variable(確率変数) 131
random vector(確率ベクトル) 139
regulation(規制) 107, 114
reinforcement learning(強化学習) 150
Riccati type(リッカチ型) 88, 148
risk aversion parameter(危険回避パラメ
　タ) 37
robot(ロボット) 24

S

sanity check(正気テスト) 100
score(スコア) 155
self-financing property(自己資金充足性)
　119
sigmoid function(シグモイド関数) 155
simple neuron(単ニューロン) 151
smart order(スマート・オーダー) 105
softmax layer(ソフトマックス層) 157
space resolution(空間解像度) 119
standard Brownian motion(標準ブラウン
　運動) 141
state space(状態空間) 130
state(状態) 58
static system(静的システム) 4
stationary increments(定常増分性) 141,
　145
statistic HFT(統計的 HFT) 118
stochastic process(確率過程) 138
stock exchange(証券取引所) 1, 26

strategy description language; SDL(戦略
　記述言語) 103
strategy(戦略) 15, 20, 81
superposition(重ね合わせ) 126
supervised learning(教師あり学習) 150
synthetic ita(合成板) 70

T

teacher data(教師データ) 152
temporary market impact(一時的市場イ
　ンパクト) 79
test(テスト) 152
tick size(呼値の単位) 119
ticks(ティックス) 62
time domain(時間領域) 137
time homogeneity(時間的一様性) 141,
　145
time horizon(時間地平) 17
time resolution(時間解像度) 118
trader(トレーダー) 26
trading robot(取引ロボット) 98
training(訓練) 152
transaction cost(取引コスト) 43
transition probability(推移確率) 66
trigger(トリガー) 16
Turing test(チューリング・テスト) 123
two-sided Laplace transform(両側ラプラ
　ス変換) 55

U

unsupervised learning(教師なし学習)
　150

V

value function(値関数) 14, 81
variance(分散) 131, 139

索　　引　　169

あ 行

アウト・オブ・サンプル・データ
　(out-of-sample data)　152
値関数 (value function)　14, 81
アフィン層 (affine layer)　156
アルゴリズム (algorithm)　1
アルゴリズム・ビジネス (algorithmic
　business)　7
アルゴリズム取引 (algorithmic trading)
　1
アルファ (alpha)　20
アルファ生成器 (alpha generator)　109
アロー・ヘッド (Arrow Head)　7

異常検知 (anomaly detection)　73
板情報 (limit order book; LOB)　28
板情報過程 (LOB process)　64
一時的市場インパクト (temporary market
　impact)　79
伊藤積分 (Itô integral)　142
伊藤の公式 (Itô's formula)　14
イン・サンプル・データ (in-sample data)
　152

オブジェクト (object)　104
オペレーション (operation)　20

か 行

回帰係数　16
回線 (line)　113
価格格子 (price grid)　62
拡散過程 (diffusion process)　81
学習 (learning)　152
学習率 (learning rate)　160
確率過程 (stochastic process)　138
確率行列 (random matrix)　140
確率空間 (probability space)　130
確率測度 (probabililty measure)　130
確率分布 (probability distribution)　135

確率ベクトル (random vector)　139
確率変数 (random variable)　131
確率密度関数 (probability density
　function; PDF)　135
過去データ (historical data)　70
重ね合わせ (superposition)　126
可積分 (integrable)　131
活性化関数 (activation function)　156

機械学習 (machine learning; ML)　150
危険回避パラメタ (risk aversion
　parameter)　37
規制 (regulation)　107, 114
期待値 (expectation)　131, 139
逆ラプラス変換 (inverse Laplace
　transform)　58
強化学習 (reinforcement learning)　150
教師あり学習 (supervised learning)　150
教師データ (teacher data)　152
教師なし学習 (unsupervised learning)
　150
強度 (intensity)　135
共分散 (covariance)　131, 139
許容集合 (admissible set)　81
許容的 (admissible)　62

空間解像度 (space resolution)　119
グラフィック利用者界面 (graphic user
　interface; GUI)　104
グレンジャー因果 (Granger causality)
　125
訓練 (training)　152

計算機 (box)　113
計数過程 (counting process)　145
継続性 (persistency)　108
決定係数 (R-square)　17
決定論的 HFT(deterministic HFT)　117
気配値 (quote)　28
現金過程 (cash process)　79

恒久的市場インパクト (permanent market

170　　　　　　　　索　　　引

impact)　79
交差エントロピー誤差 (cross entropy
　error)　158
合成板 (synthetic ita)　70
後退伝搬 (backward propagation)　160
勾配降下法 (gradient-decreasing-method)
　154
勾配ベクトル (gradient)　143
高頻度取引 (high frequency trading;
　HFT)　1
コックス過程 (Cox process)　147
コード (code)　98
コロケーション (co-location)　116
コンピュータ・プログラム (computer
　program)　1

さ　行

在庫過程 (inventory process)　79
最小二乗法 (least squares method)　153
最良売り気配 (ask price)　28
最良買い気配 (bid price)　28
指値注文 (limit order)　26

時間解像度 (time resolution)　118
時間地平 (time horizon)　17
時間的一様性 (time homogeneity)　141,
　145
時間領域 (time domain)　137
シグモイド関数 (sigmoid function)　155
自己資金充足性 (self-financing property)
　119
市場間裁定取引 (exhcange arbitrage)
　115
指数効用関数 (exponential utility
　function)　37
指数分布 (exponential distribution)　136
私設取引市場 (proprietary trading
　system; PTS)　26
実装 (implementation)　20
死滅率 (death rate)　58
自由度調整済み決定係数 (adjusted

R-square)　17
出生死滅過程 (birth-death process)　58
出生率 (birth rate)　58
受動的 (passive)　35
正気テスト (sanity check)　100
条件付確率 (conditional probability)　133
条件付期待値 (conditional expectation)
　133
証券取引所 (stock exchange)　1, 26
状態 (state)　58
状態空間 (state space)　130
人工知能 (artificial intelligence; AI)　5

推移確率 (transition probability)　66
スコア (score)　155
スプレッド (bid-ask spread)　29
スマート・オーダー (smart order)　105

正規分布 (normal distribution)　137
制御 (control)　37
制御過程 (control process)　81
成行注文 (market order)　27
静的システム (static system)　4
線形 (linear)　153
前処理プログラム (preprocessor)　102
戦略 (strategy)　15, 20, 81
戦略記述言語 (strategy description
　language; SDL)　103

層 (layer)　156
ソフトウェア (logic)　113
ソフトマックス層 (softmax layer)　157
損失関数 (loss function)　158

た　行

代替データ (alternative data)　125
ダーク・プール (dark pool)　34, 91
畳み込み (convolution)　136
脱出時刻 (exit time)　79, 81
単ニューロン (simple neuron)　151

遅延 (latency)　113
チューリング・テスト (Turing test)　123

定常増分性 (stationary increments)　141,
　145
ティックス (ticks)　62
テスト (test)　152

統計的 HFT(statistic HFT)　118
動的プログラミング原理 (dynamic
　programming principle)　81
独立 (independent)　134
独立増分性 (independent increments)
　141, 145
トリガー (trigger)　16
取引コスト (transaction cost)　43
取引ロボット (trading robot)　98
ドリフト (drift)　153
トレーダー (trader)　26

な　行

仲値 (mid-price)　29

2 重確率ポアソン過程 (doubly stochastic
　Poisson process)　147
2 乗平均収束 (convergence in mean
　square)　142
ニューラル・ネットワーク (neural
　network)　151, 156
ニューロン (neuron)　151

能動的 (active)　35

は　行

バイアス (bias)　153
バックテスト (backtesting)　110
バッチ (batch)　153

ビット (bit)　126

ファンダメンタル価値 (fundamental
　value)　79
フィルトレーション (filtration)　138
フラッシュ・クラッシュ (flash crash)　121
プログラム取引 (program trading)　6
フロント・ランニング (front running)
　117
分散 (variance)　131, 139
分類 (classification)　152

閉形式 (closed-form)　124
ヘッセ行列 (Hessian)　144

補填 2 重確率ポアソン過程 (compensated
　doubly stochastic Poisson process)
　147
補填ポアソン過程 (compensated Poisson
　process)　146
ポアソン過程 (Poisson process)　145
ポアソン分布 (Poisson distribution)　135
標準ブラウン運動 (standard Brownian
　motion)　141
法令遵守 (compliance)　114
ボット (bot)　98
ボレル集合族 (Borel field)　130

ま　行

マイクロ波取引 (microwave trading)　115
マーケット・メーカー (market maker)　35
マルコフ過程 (Markov process)　61

モデル・リスク (model risk)　77

や　行

約定 (execution)　27
約定価格 (execution price)　79

予測 (estimation)　152
呼値の単位 (tick size)　119

ら 行

ライン制御 (line handlers)　108
ラプラス変換 (Laplace transform)　55
ラベル (label)　150

利益製造機 (profit generator)　99
リッカチ型 (Riccati type)　88, 148
リット市場 (lit market)　91
流動化過程 (liquidation process)　79
流動化トレーダー (liquidation trader)　35
流動性割引 (liquidity discount)　42
両側ラプラス変換 (two-sided Laplace
　transform)　55
量子クォンツ (quantum quants)　126
量子コンピューティング (quantum
computing)　126
量子ビット (qubit)　126
量子もつれ (quantum entanglement)
　126
量子リスク理論 (quantum risk theory)
　121

累積分布関数 (cumulative distribution
　function; CDF)　135
ルベーグ積分 (Lebesgue integral)　131

連分数 (continued fraction)　59

ロジスティック回帰 (logistic regression)
　155
ロジット関数 (logit function)　155
ロボット (robot)　24

著者略歴

足立　高徳（あだち　たかのり）

1958 年	大阪府に生まれる
1980 年	東京工業大学理学部情報科学科卒業
1985 年	東京工業大学大学院理工学研究科博士後期課程単位取得満期退学
2014 年	一橋大学大学院国際企業戦略研究科博士後期課程修了
	株式会社ミワシステムズコンサルティング
	モルガン・スタンレー MUFG 証券株式会社
	立命館大学客員教授を経て
現　在	首都大学東京大学院経営学研究科教授
	博士（経営）

FinTech ライブラリー

アルゴリズム取引

定価はカバーに表示

2018 年 6 月 10 日　初版第 1 刷
2022 年 11 月 25 日　　第 5 刷

著　者　足　立　高　徳

監修者　津　田　博　史

発行者　朝　倉　誠　造

発行所　株式会社　朝　倉　書　店

東京都新宿区新小川町 6-29
郵 便 番 号　162-8707
電　話　03（3260）0141
Ｆ Ａ Ｘ　03（3260）0180
https://www.asakura.co.jp

〈検印省略〉

© 2018 〈無断複写・転載を禁ず〉　　　　　中央印刷・渡辺製本

ISBN 978-4-254-27584-1　C 3334　　　　Printed in Japan

JCOPY ＜出版者著作権管理機構 委託出版物＞

本書の無断複写は著作権法上での例外を除き禁じられています．複写される場合は，
そのつど事前に，出版者著作権管理機構（電話 03-5244-5088，FAX 03-5244-5089，
e-mail: info@jcopy.or.jp）の許諾を得てください．

好評の事典・辞典・ハンドブック

数学オリンピック事典	野口 廣 監修 Ｂ５判 864頁
コンピュータ代数ハンドブック	山本 慎ほか 訳 Ａ５判 1040頁
和算の事典	山司勝則ほか 編 Ａ５判 544頁
朝倉 数学ハンドブック [基礎編]	飯高 茂ほか 編 Ａ５判 816頁
数学定数事典	一松 信 監訳 Ａ５判 608頁
素数全書	和田秀男 監訳 Ａ５判 640頁
数論<未解決問題>の事典	金光 滋 訳 Ａ５判 448頁
数理統計学ハンドブック	豊田秀樹 監訳 Ａ５判 784頁
統計データ科学事典	杉山高一ほか 編 Ｂ５判 788頁
統計分布ハンドブック（増補版）	蓑谷千凰彦 著 Ａ５判 864頁
複雑系の事典	複雑系の事典編集委員会 編 Ａ５判 448頁
医学統計学ハンドブック	宮原英夫ほか 編 Ａ５判 720頁
応用数理計画ハンドブック	久保幹雄ほか 編 Ａ５判 1376頁
医学統計学の事典	丹後俊郎ほか 編 Ａ５判 472頁
現代物理数学ハンドブック	新井朝雄 著 Ａ５判 736頁
図説ウェーブレット変換ハンドブック	新 誠一ほか 監訳 Ａ５判 408頁
生産管理の事典	圓川隆夫ほか 編 Ｂ５判 752頁
サプライ・チェイン最適化ハンドブック	久保幹雄 著 Ｂ５判 520頁
計量経済学ハンドブック	蓑谷千凰彦ほか 編 Ａ５判 1048頁
金融工学事典	木島正明ほか 編 Ａ５判 1028頁
応用計量経済学ハンドブック	蓑谷千凰彦ほか 編 Ａ５判 672頁

価格・概要等は小社ホームページをご覧ください.